L'enfant qui inquiète

Alain Ehrenberg

L'enfant qui inquiète

Odile Jacob

3, rue Auguste-Comte, 75006 Paris

www.odilejacob.fr

ISBN : 978-2-4150-1138-3

« Cet enchevêtrement dans nos règles est ce que nous voulons comprendre (c'est-à-dire ce dont nous voulons avoir une vue d'ensemble). »

Ludwig WITTGENSTEIN,
Recherches philosophiques, 1953, § 125.

INTRODUCTION

Quel regard sociologique ?

Nous avons tellement pris l'habitude de nous occuper des enfants souffrants ou malheureux que l'activité sociale consistant à s'occuper de ces enfants nous semble évidente. N'en sont dénoncés que les dysfonctionnements – longueur des files d'attente, insuffisance de pédopsychiatres, etc[1]. Il faut néanmoins prendre de la distance avec cette évidence que nous nous inquiétons pour l'enfant lui-même. S'occuper d'un enfant suppose en effet bien d'autres tâches. Car un enfant est toujours un enfant à… éduquer, soigner, protéger, aimer[2]. La question sociologique n'est pas : est-ce bien ? est-ce mal ? Mais plutôt : qu'est-ce qui perturbe la société dans les différentes manifestations de l'enfant qui inquiète ?

Ce livre, en continuité avec mes ouvrages précédents consacrés à l'adulte, décrit et analyse les changements affectant les manières de penser et d'agir dans la société individualiste et les tensions morales qui accompagnent ces changements, sous l'angle des désordres de la personne en tant que personne. Ils traitent de la plus ou moins bonne – ou mauvaise – socialisation de l'individu. Il s'agit donc ici d'interroger les transformations des conceptions de l'enfant qui inquiète, enfant à problèmes ou troublé, à partir du moment où il a été considéré comme un individu, c'est-à-dire quand a commencé à se développer l'idée qu'il était une personne *spécifique* par rapport à l'adulte. Ces « désordres » se traduisent aujourd'hui, comme chez l'adulte, en termes de santé mentale : avec l'enfant qui inquiète, l'accent porte sur l'*inquiétude*. Le but de cet examen est de comprendre ce qui a changé dans les manières de penser et d'agir avec les enfants en les replaçant dans une perspective sociohistorique. Elles seront mises en relation avec le contexte d'idées, de valeurs et de normes, qu'Émile Durkheim appelle des représentations collectives ou des idéaux sociaux, qui constituent l'esprit commun d'une société, individualiste ou non. Pas de société sans idées communes, et ce sont les troubles du commun qui nous intéressent ici.

Ce livre est un essai au sens où il ne prétend pas apporter d'informations nouvelles par une enquête historique fondée sur des archives, bien qu'il s'appuie sur une abondante bibliographie secondaire. Ce qu'il propose est une synthèse sociohistorique sur la modernité démocratique et ses tensions (et non ses pathologies) s'appuyant sur le cas de la France. Une telle synthèse cherche à obtenir une vue d'ensemble sur ce à quoi nous assistons dans les règles sociales d'aujourd'hui, centrées sur l'autonomie individuelle, et sur ce que nous vivons en tant qu'association humaine.

Je vais d'abord préciser les raisons pour lesquelles un regard sociologique est nécessaire, et lequel. Puis, je formulerai l'hypothèse générale qui guide ce travail et le plan selon lequel elle sera développée.

Débats et polémiques sur l'enfance

Des incertitudes se sont installées aujourd'hui, à travers débats et polémiques, quant aux façons dont l'enfant doit être éduqué ou soigné. Prenons un exemple dans chacun de ces deux domaines.

Le premier exemple est l'éducation dite positive ou bienveillante qui exclut la moindre sanction. Un marché du conseil[3] s'est fortement développé pour aider les parents à ne pas perdre patience face à un enfant qui ne doit pas être puni. Il vise à les équiper des outils nécessaires, dont l'efficacité a été prouvée « scientifiquement ». Pour les adeptes de cette éducation, tout mouvement d'opposition de l'enfant est une demande d'amour à l'égard des parents. Ceux-ci doivent y répondre de façon positive ou bienveillante. Les enfants feraient ainsi l'expérience des limites à ne pas dépasser. Comment ? La méthode permet de reconnaître l'enfant dans sa personnalité propre et ainsi de le responsabiliser. Dit autrement, on pratiquerait une authentique éducation à l'autonomie en ne considérant que le potentiel de l'enfant, lui permettant ainsi de s'épanouir.

Les critiques répondent que cette conception stigmatise les parents, tout particulièrement les mères dont elle accroît en même temps la charge mentale. De plus, les ouvrages qui proposent de la mettre en œuvre ne tiennent pas compte des inégalités sociales : le contexte est évacué, chacun doit pouvoir s'en sortir par lui-même. Sur le fond, l'éducation positive ne donne aucun cadre et ne peut donc fournir des limites aux enfants. La problématique, ici, serait plutôt celle de l'enfant roi. On aurait donc affaire à une conception erronée de l'éducation à l'autonomie.

Psychanalystes et neuroscientifiques sont embarqués dans ces polémiques. Les premiers jugent qu'on répond aussi aux demandes d'amour de l'enfant en sachant lui dire non. Ils critiquent les méthodes comportementalistes qui caractérisent les ouvrages-conseils et les stages de formation. Les neuroscientifiques soutiennent au contraire cette éducation en jugeant qu'il faut entraîner les cerveaux pour augmenter les compétences des enfants.

L'enjeu sociopolitique qui traverse ces polémiques sur les limites est le suivant : de quelle autonomie l'enfant a-t-il besoin dans une société où elle est devenue une règle sociale ? Et comment lui faire atteindre cette autonomie ? Il y a, pour reprendre Wittgenstein, un enchevêtrement d'aspects dans cette règle « dont nous voulons avoir une vue d'ensemble ».

La prise en charge des troubles mentaux de l'enfant est notre deuxième exemple. Elle est également l'objet de débats et de polémiques, qui ne sont pas limités aux professionnels et se jouent devant l'opinion publique par l'intermédiaire des médias et des réseaux sociaux. C'est le cas du trouble des conduites : en septembre 2005, le service d'expertise collective de l'Inserm publie à la demande de l'assurance-maladie un rapport sur *Le Trouble des conduites chez l'enfant et l'adolescent*. Aussitôt publié, il déclenche un séisme qui polarise les professionnels et s'exprime largement dans les médias. Une pétition, *Pas de zéro de conduite pour les enfants de moins de trois ans*, est signée par plus de cent mille personnes. Le rapport est publié dans le contexte d'un affrontement récurrent depuis quelques années entre les approches psychodynamiques, inspirées par la psychanalyse, et les approches comportementales-cognitivistes, appuyées sur les neurosciences. Précisons aussi que les premières déclinent, tandis que les secondes deviennent les références majeures. En 2018, Jean-Michel Blanquer, ministre de l'Éducation nationale, offre une consécration symbolique aux neurosciences cognitives en créant le Conseil scientifique de l'éducation nationale et en nommant à sa tête Stanislas Dehaene, professeur de psychologie cognitive au Collège de France et neuroscientifique réputé. « Nous croyons à l'épanouissement de chaque enfant, écrivent dans une tribune les membres du Conseil en 2024, d'où qu'il vienne. Nous connaissons l'importance de l'éducation dès le plus jeune âge. Nous croyons dans le potentiel de chaque enfant, quels que soient son genre, sa langue, ses origines, le niveau social ou économique de sa famille, en situation de handicap ou non[4]. »

Ces polémiques se déroulent dans un contexte relativement nouveau : l'enfant, comme l'adulte, objet d'un long processus d'émancipation, est désormais une personne, c'est-à-dire, dans nos sociétés, un individu – on précisera ce que cela signifie au chapitre 1. Cette représentation donne lieu à des jugements ambivalents : d'un côté, on célèbre le potentiel de l'enfant et, de l'autre, on s'inquiète, voire on se lamente à propos des crises du lien social – dans des formules comme la « psychologisation » ou la « biologisation » des relations sociales – et du brouillage de catégories que l'on estimait autrefois distinctes – comme la différence des générations et les frontières adultes-enfants.

Malgré l'importance prise dans notre société par les problèmes de santé mentale de l'enfant et la quantité de publications scientifiques sur ces questions, « les troubles des enfants et des adolescents, selon un rapport du Sénat de 2009, sont mal connus et sujets à des approximations et inquiétudes ». Les auteurs ajoutent : « Peu de sujets ont fait l'objet d'autant de rapports publics au fil des dernières décennies que la psychiatrie. C'est toutefois principalement la psychiatrie des adultes qui a suscité l'intérêt, la situation de la psychiatrie des mineurs ayant été relativement peu étudiée en tant que telle[5]. » Voilà des raisons tout à fait concrètes de s'intéresser au sujet.

Le contexte moral global dans lequel ces débats et polémiques se déroulent est celui de l'autonomie de l'enfant, de son *pouvoir d'agir* dans une société diversifiée et mondialisée qui est devenue normativement une société d'action individuelle, une société où l'autonomie individuelle fait figure de valeur cardinale.

L'autonomie de l'enfant en question

Dans un article intitulé « L'autonomie de l'enfant en question », l'historien de l'enfance Jean-Claude Quentel commence ainsi : « Le terme "autonomie" est incontestablement l'un des plus employés par ceux qui, professionnels ou parents, ont pour mission d'éduquer et d'enseigner aux enfants. Pas un seul projet éducatif ou pédagogique qui ne fasse référence de manière massive à cette notion. Elle est toutefois rarement définie conceptuellement et encore moins questionnée dans les processus qu'elle suppose[6]. »

Il y a là une invite à laquelle le sociologue peut difficilement résister. « Autonomie » est le concept clé auquel s'attache tout ce qu'on va lire parce qu'il constitue un ensemble de représentations collectives imprégnant aujourd'hui nos relations sociales, une attente collective à l'égard de chacun.

Ce livre vise à clarifier les enjeux sociaux et politiques de nos débats et polémiques afin de mieux comprendre les changements de l'individualisme contemporain auxquels nous sommes confusément confrontés. Plus précisément, il s'agit d'explorer les tensions morales d'une société où l'autonomie n'est plus seulement une aspiration, mais une norme commune.

Les troubles de l'enfant sont abordés ici du point de vue d'une sociologie historique de l'individualisme, c'est-à-dire en se demandant quel type de société, quelle forme sociale globale de vie est impliquée dans des pratiques qui sont devenues routinières et quel rôle elles jouent dans ce type de société.

Les questions de santé mentale sont certes aujourd'hui des problèmes majeurs de santé publique, mais elles les dépassent par le type de débats qu'elles suscitent sur le vivre-ensemble. L'individuel et le commun, le collectif ou le social, qualificatifs équivalents pour désigner le supra-individuel, y sont noués d'une manière particulière que l'on décrira. C'est pourquoi elles ne sont pas principalement abordées du point de vue de la santé, mais en tant que langage commun, ordinaire, entré dans nos usages quotidiens permettant d'exprimer *et* de réguler par des pratiques multiples, notamment psychothérapeutiques et rééducatives, les tensions morales de la socialisation de la personne dans ce type de société. Ces pratiques constituent les rituels thérapeutiques de nos sociétés. C'est pourquoi la santé mentale peut être considérée sociologiquement comme ce que le philosophe Peter Winch appelle, à propos des pratiques rituelles d'une société lignagère d'Afrique subsaharienne, une « attitude à l'égard de la contingence ». Elle « implique la reconnaissance qu'une vie est sujette à des contingences plutôt qu'à des tentatives de les contrôler[7] ». Des contingences, c'est-à-dire toutes sortes d'aléas ou d'adversités survenant dans la vie des individus. Il en va de même chez nous, à la grande différence que nous tentons de les contrôler car nous sommes dans une société d'action individuelle, une société du pouvoir d'agir soucieuse de l'autonomie des individus. La santé mentale représente l'attitude des sociétés individualistes à l'égard de la contingence (des aléas) de la socialisation de l'individu. Ses pratiques visent à donner à l'enfant, dans la mesure du possible, la maîtrise de son futur destin personnel dans nos sociétés, autrement dit son autonomie, sa capacité à décider et à agir de lui-même dans la plus large mesure possible.

L'organisation du livre

Le premier chapitre partira des débats sur le vivre-ensemble suscités par les changements dans la psychopathologie et la généralisation du souci pour la santé mentale, c'est-à-dire à la fois pour les troubles mentaux, mais aussi pour le bien-être des enfants, leur « santé mentale positive », qui leur permet de mieux se défendre contre la souffrance psychique. Je m'efforcerai d'y définir les liens entre individualisme, santé mentale et autonomie, en considérant la spécificité de l'enfant par rapport à l'adulte. Les trois chapitres suivants seront consacrés à la description, dans une perspective sociohistorique, des habitudes prises par la société sur ce type d'enfants et les idéaux sociaux qu'ils cristallisent à travers trois figures idéales-typiques correspondant à trois moments de l'histoire de l'individualisme. Précisons qu'il n'existe pas de qualificatif unique pour désigner ces enfants avant l'après Seconde Guerre mondiale. D'abord, dans la période de genèse de l'individualisme moderne, la figure de l'enfant-individu déficient dont la volonté (anormale ou indisciplinée) est à corriger ; ensuite, à partir du moment où la société elle-même commence à devenir individualiste, de la seconde moitié des années 1940 aux années 1980, celle de l'enfant-individu expressif et souffrant, que la psychanalyse a cristallisée ; enfin, celle de l'enfant-individu acteur et handicapé, que les neurosciences cognitives, dont l'ascension se produit à cette période, ont transfigurée dans leur langage scientifique. Les façons dont l'enfant est investi à travers ses troubles dans ces trois moments donnent lieu à des critères d'intervention à la fois solidaires et en tension qu'il s'agira de décrire.

Bien qu'elles dominent chacune à une époque différente, ces trois figures s'entremêlent, se recouvrent partiellement et se complètent en changeant de signification dans une représentation collective de l'enfant désormais centrée sur l'idéal du potentiel d'avenir, idéal qui caractérise l'enfance par rapport à l'âge adulte. On verra que cela ne va pas sans entraîner quelques tensions.

CHAPITRE 1

Santé mentale, individualisme, autonomie

« Il est inhabituel de parler de société des individus. Mais ce n'est certainement pas inutile, si l'on veut se libérer de l'usage traditionnel et couramment admis de ces deux notions. Cet usage se limite souvent à les définir comme un couple antagoniste. [...] J'ai compris, il y a cinquante ans déjà, que je touchais là l'un des problèmes majeurs de la sociologie. [...] Il faut chercher, au-delà, une nouvelle conception de la manière dont les individus sont liés les uns aux autres. »

Norbert ELIAS, *La Société des individus*, 1989[1].

Avant d'aborder la question de ce qui inquiète dans l'enfance qui inquiète, il importe de clarifier le genre de phénomène social qu'est la santé mentale, étant donné l'importance majeure acquise récemment par les problèmes mais aussi les aspirations regroupées sous cette expression dans nos sociétés d'individualisme de masse. Il nous faut aussi préciser les outils sociologiques qui vont être employés pour analyser les relations entre les représentations collectives de l'autonomie individuelle et la santé mentale.

C'est au cours des années 1990 que les problèmes de santé mentale, mais aussi de souffrance psychique et de bien-être qui leur sont intimement associés, commencent à s'imposer en France. Ces années voient notamment pour l'adulte l'émergence de la souffrance au travail et l'apparition de la notion de souffrance sociale autour d'une nouvelle clinique de la précarité. Et si la psychiatrie concernait certaines catégories d'individus affectés, la santé mentale touche tout le monde.

La santé mentale est certes une question de santé publique majeure, comme on le répète constamment, et celle des enfants est particulièrement prioritaire parce que les troubles mentaux de l'adulte débutent dans l'enfance. Mais elle est également un langage nous permettant de formuler les tensions morales d'une société où l'autonomie est devenue la valeur cardinale et d'agir sur elles par des pratiques multiples (psychothérapies, réhabilitation psychosociale, etc.). Car la valeur autonomie implique fortement l'affectivité de l'individu dont on s'attend à ce qu'il décide et agisse de lui-même.

C'est pourquoi ces changements ont favorisé une préoccupation neuve pour la subjectivité individuelle, les émotions, les affects, bref, la vie psychique des individus dont les tensions se disent dans le langage de la santé mentale. La raison tient à ce que le trouble mental se caractérise par un dysfonctionnement de la socialisation de l'individu affecté. Les relations à autrui sont au cœur du diagnostic.

Pour préciser en quoi la santé mentale est un langage, il faut d'abord examiner les débats sociologiques que ces questions ont soulevés. L'enjeu est de clarifier des confusions sur les notions d'individualisme, d'individu et d'autonomie, et de définir sociologiquement le type de problèmes dont la santé mentale s'occupe dans le contexte moral d'ascension des idéaux d'autonomie individuelle. Nous décrirons ensuite ce contexte, puis nous préciserons en quoi la santé mentale est un langage lié à ce contexte.

Pour mieux mettre en lumière la spécificité de nos sociétés individualistes concernant l'enfant qui inquiète, nous terminerons par une comparaison rapide entre l'enfant dans une société traditionnelle – la société hiérarchique du lignage en Afrique subsaharienne – et l'enfant dans la société individualiste démocratique. Cela permettra de montrer que ce type de problèmes est universel, qu'il tient donc à la nature de la société humaine, mais se voit traité totalement différemment selon les représentations collectives de chaque société.

Santé mentale et critique sociale : des inquiétudes pour le vivre-ensemble

Les professionnels de santé mentale sont tous préoccupés par les relations entre l'évolution des valeurs et des normes de la vie sociale, d'une part, et les problèmes psychopathologiques, d'autre part. En effet, dans les discours sur les problèmes de santé mentale, dont la manifestation principale est aujourd'hui la souffrance psychique, la référence à la vie sociale, aux transformations institutionnelles et normatives est permanente. La santé mentale semble poser aux observateurs du domaine la question du vivre-ensemble, du destin du lien social dans les sociétés démocratiques où règnent l'individualisme de masse et le capitalisme globalisé.

Le débat sociologique, mais aussi politique, porte sur les relations entre la généralisation du souci pour les problèmes de santé mentale et les transformations des normes sociales, autrement dit sur les significations sociales de ces souffrances et sur la nature de la société dans laquelle elles ont pris une telle importance. Car les questions de santé mentale et de souffrance psychique servent, depuis les années 1970, à formuler une critique de la société. Cette critique affirme que l'ancrage de l'autonomie implique un type d'individu qui doit de plus en plus s'appuyer sur lui-même, sur ses capacités personnelles, sa subjectivité, son « intériorité ». L'individu est alors surchargé de responsabilités et d'épreuves qu'il ne connaissait pas auparavant.

Toute une sociologie, qu'on peut appeler normative au sens où elle met en accusation de nouvelles normativités de la vie sociale, s'est en effet appuyée sur des observations cliniques, pour affirmer que l'homme public décline au profit de l'homme privé. Ce déclin se montrerait dans ces pathologies sociales, ces maladies du lien qui se développent dans notre monde moderne. Nous ne saurions plus trop où nous en sommes entre l'homme psychologique et l'homme social.

Cette incertitude s'est présentée sous deux aspects théoriques. D'abord, avec le thème de l'individu émancipé de toute entrave, ensuite, avec celui de la souffrance sociale causée par le néolibéralisme.

À partir des années 1970, un nouveau malaise dans la culture est en effet annoncé qui s'appuie sur une observation des psychanalystes suggérant que l'on avait beaucoup moins affaire aux névroses, disons freudiennes classiques, qu'à des pathologies narcissiques. Celles-ci, contrairement aux névroses, ne mettent pas en jeu un conflit entre le Surmoi, qui est interdicteur, mais aussi protecteur, et le Ça, mais entre le Moi et l'Idéal du Moi. Ce dernier concerne le narcissisme, l'idéal de ce que l'on voudrait être. On précisera ces points au chapitre 4 car ce déplacement concerne l'enfant comme l'adulte. Notons pour le moment que les psychanalystes estiment avoir affaire à une clinique de l'idéalité plus qu'à une clinique de l'interdit. Le psychiatre Christian Vasseur, à l'époque président de l'Association française de psychiatrie, dans un rapport préparatoire aux États généraux de la psychiatrie qui se sont tenus en 2003, écrit à propos de ces pathologies : « Le fil rouge de ce rapport et de ses compléments [...] est de souligner ce qui participe à la déliaison, à l'effritement du lien, à sa dévitalisation, par insuffisance de repères, d'identités, de structures, de nominations[2]. » La question des liens ne se posait pas dans les névroses classiques pas plus que les questions d'identité. Il y a là un changement de « l'orientation émotive » de nos sociétés, pour parler comme Carlo Ginzburg. À quoi cela tient-il ?

À partir de cette classe de pathologies, l'historien Christopher Lasch avec *Le Complexe de Narcisse*, publié aux États-Unis en 1979 (un énorme succès intellectuel et commercial), lance, avec d'autres essayistes, l'idée que l'individu est devenu narcissique. La candidature de ce concept psychanalytique à son élection comme concept sociologique a depuis lors été acceptée avec une belle unanimité : un large consensus moral et social sur l'individualisme s'est forgé pour affirmer qu'Œdipe a laissé sa place à Narcisse. Le Surmoi s'affaiblissant, l'homme devient sans gravité, pour reprendre le titre du livre du psychanalyste Charles Melman publié en 2002 – la formule résume l'idée générale. Le philosophe Marcel Gauchet estime que nos sociétés sont entrées dans un « individualisme de *déliaison* ou de *désengagement* », donnant lieu à des « pathologies du vide intérieur »[3]. Le fondement de la thèse se ramène à une proposition : les personnalités sont aujourd'hui plus désorganisées qu'hier en raison d'une accélération de la dynamique d'individualisation qui n'est plus tempérée ni par la coercition sociale qui tenait les individus, ni par le conflit psychique qui les structurait. Le verrou de l'obligation sociale aurait sauté. En conséquence, la société se trouve envahie par le Moi des individus et les liens sociaux perdent de leur force.

Il ne s'agit plus de libérer l'individu des contraintes qui l'empêchaient de devenir lui-même, mais de le soustraire aux séductions morbides des idéaux qui le contraignent à devenir lui-même. De l'empêchement à devenir soi à l'obligation de le devenir, ce déplacement aurait engendré une nouvelle subjectivité.

Concernant l'enfant, les psychanalystes notent un déclin de la période de latence, au cours de laquelle la sexualité est refroidie, entre 6 et 12 ans. Cette période permet à l'enfant d'élargir ses intérêts de pensée. Ils considèrent également qu'il s'est produit un déclin du tiers parental, rendant les frontières et les limites floues car les adultes connaissent eux-mêmes une dérive infantile[4] – on reviendra sur ce thème au chapitre 4.

À partir des années 1980 et surtout 1990 émerge le thème de la souffrance sociale. Ce sont les transformations du capitalisme et de l'organisation du travail, autrement dit, le néolibéralisme, qui est mis en cause. Ainsi, pour Axel Honneth, l'héritier de l'École de Francfort, le néolibéralisme est responsable des « maladies de la société[5] », titre d'un de ses articles en français. Pourquoi ? Parce qu'il réduit les sujets humains à des choses en exploitant leurs émotions. Il oppose à cette réification une politique de la reconnaissance. Il s'agirait donc d'un mal social qui doit être traité par des changements politiques profonds. En 1998, le psychanalyste Christophe Dejours publie *Souffrances en France*[6] et la psychologue Marie-France Hirigoyen *Le Harcèlement moral*[7]. Grands succès médiatiques, ils « lancent » le sujet de la souffrance au travail. Plus généralement, les professionnels de santé mentale soulignent depuis plus d'une trentaine d'années la présence de nouvelles souffrances résultant des transformations de l'organisation du travail, de la famille ou de l'école.

Aux modèles du déclin, il faut ajouter, concernant la sociologie, l'approche constructiviste des supporters de Pierre Bourdieu qui vise, sur le modèle des relations entre les sexes, à démasquer des rapports de domination et des mécanismes de pouvoir sous-jacents à ceux qui ressentent les normes sociales comme naturelles. Ainsi, un essai sur la médicalisation de l'échec scolaire s'attaque aux approches médico-psychologiques et propose des alternatives[8]. Pour cette sociologie, une société est d'abord composée de rapports de pouvoir et de domination.

Distinguer individu et individualisme pour comprendre en quoi nous faisons toujours société

S'il n'y a aucune raison de contester les changements dans la psychopathologie constatés par les cliniciens, en revanche on peut émettre des doutes concernant les interprétations sociologiques avancées, à savoir celle de l'affaiblissement des liens sociaux et de la perte de force de la vie commune ou celle des nouvelles formes de domination.

Ce topos est devenu fort en vogue et les sociologies qui le théorisent, qu'elles soient formulées par des psychanalystes, des neuroscientifiques, des philosophes ou des sociologues de métier, ont un trait commun fondamental : elles sont individualistes. Cela implique de clarifier ce dont on parle quand on parle de liens sociaux ou de vie commune.

Les analyses que je viens d'évoquer sont prisonnières du grand problème qui condamne l'individualisme à la confusion : l'opposition entre l'individu et la société ou le collectif alors qu'il s'agit des deux faces de la même pièce. Ce qui conduit à penser que les progrès de l'individualisme s'accompagnent d'un déclin de l'idée de société.

Les approches normatives reposent sur une confusion entre individu et individualisme déjà notée par Émile Durkheim (1858-1917). Elle consiste en ceci : on prononce le mot « individualisme » comme s'il s'agissait de quelque chose d'individuel, alors qu'il s'agit d'un *esprit commun*. En 1898, dans « L'individualisme et les intellectuels », Durkheim écrit qu'il faut arrêter de confondre individualisme avec égoïsme ou utilitarisme : « L'individualisme [...], c'est la glorification non du Moi, mais de l'individu en général. Il a pour ressort non l'égoïsme, mais la sympathie. » On ne peut avoir de disposition à la sympathie pour chaque être humain que si on le considère comme un semblable. Durkheim ajoute un point décisif : « Une similitude verbale a pu faire croire que l'*individualisme* dérivait nécessairement de sentiments *individuels*, partant égoïstes. En réalité, la religion de l'individu est d'institution sociale. » Elle est une institution, c'est-à-dire un esprit commun en ce qu'elle imprègne un entrelacement d'idées, de valeurs et de normes – les représentations collectives ou idéaux sociaux –, caractérisé par la liberté et l'égalité de chacun. Les représentations collectives sont l'objet même de la sociologie car elles désignent le supra-individuel, c'est-à-dire un type de questions qui se pose dans toute société comme : Qui peut faire des enfants avec qui ? Qui peut donner tel ordre à qui et pourquoi ? Ces questions ont évidemment une dimension normative. Elles impliquent également que les concepts sociologiques soient relationnels ou complémentaires :

pas de commandement sans obéissance, de professeur sans élève, etc. Une relation sociale est une relation de complémentarité.

Si toutes les sociétés font place à l'individuel, c'est-à-dire à la particularité, qu'elles traitent de multiples manières, seules les nôtres sont individualistes parce que l'individu y est normatif, il est une valeur, fondée sur la liberté et l'égalité de chacun, logée au cœur de nos représentations collectives. C'est l'esprit commun de nos sociétés. Il faut distinguer l'individu empirique, qui existe dans toute société, et l'individu comme valeur, qui caractérise la nôtre. Dans les sociétés traditionnelles, l'interdépendance entre les humains se montre dans les idéaux sociaux de la hiérarchie (de la pureté dans la société de castes indienne, des aînés sur les cadets dans le lignage subsaharien, etc.). Chez nous, elle ne disparaît pas, elle est subordonnée en valeur à l'indépendance des individus. De là le sentiment qu'elle peut disparaître. Durkheim le dit déjà en 1906 : « Le sentiment de l'obligation varie sans cesse et même, si l'on perd de vue cette variabilité, on peut croire par moments qu'il disparaît simplement parce qu'il se modifie. C'est ce qui arrive aujourd'hui dans la société française[9]. » On voit que le thème est récurrent dans nos sociétés.

S'il faut donc relativiser ces formules pour comprendre ce qu'il se passe dans nos sociétés individualistes de masse avec la santé mentale et les questions psychiques, ces formules récurrentes nous disent quelque chose de nous-mêmes en tant que société, qu'association humaine concernant le fonctionnement et la valeur de nos relations sociales.

Mais quoi ? Et comment ? C'est ce qu'il convient de préciser.

Autonomie individuelle : de l'aspiration à la norme commune[10]

On peut résumer le changement ainsi : au cours des années 1960-1970, on passe progressivement d'une société qui régule les comportements essentiellement par des méthodes disciplinaires à une société qui les régule en se référant à l'autonomie. La question commune était du type : « Que m'est-il permis de faire ? » Elle est désormais : « Que suis-je capable de faire ? » C'est ce qu'ont repéré les psychanalystes avec les pathologies narcissiques et les symptômes d'insécurité intérieure tournant autour de l'angoisse de ne pas être à la hauteur.

L'autonomie doit être abordée en deux temps. Elle devient d'abord une aspiration collective entre l'après Seconde Guerre mondiale et les années 1960-1970, puis une condition commune à partir des années 1980.

L'autonomie-aspiration se caractérise par des valeurs de choix (indépendance, accomplissement personnel, etc.), mais aussi d'égalité, l'égalité homme-femme devenant la thématique centrale. Avec l'autonomie, la société devient individualiste, un individualisme de type expressif. On passe d'une France rurale, frugale et prévoyante, à une France urbaine, de mobilité, d'allongement de la scolarité, du confort matériel, etc., bref à un « basculement anthropologique[11] ». Le sociologue Henri Mendras considère, dans *La Seconde Révolution française* (paru en 1988), que le milieu des années 1960 est le moment où « l'expression des valeurs hédonistes, jusque-là réprimées, devient licite et se répand dans toute la société ». C'est le moment où l'aspiration à « être mieux que sa provenance » commence à se diffuser massivement. Et c'est au cours de cette période que la psychanalyse prend son essor en France. Elle connaît le sommet de sa popularité dans les années 1970 – on reviendra plus en détail sur ces points au chapitre 3.

À partir des années 1980, l'autonomie devient progressivement la condition commune et commence à imprégner l'ensemble des relations sociales dans un nouveau contexte, celui de la mondialisation. L'autonomie comme condition se caractérise d'abord par l'approfondissement de la dynamique d'émancipation des mœurs – choix, épanouissement personnel, etc. Pensons au mariage pour tous ou au changement de sexe désormais considéré comme un droit humain. On verra que c'est le moment où l'on recommande à l'école de se préoccuper du bien-être des enfants et pas seulement de leurs compétences scolaires ; c'est également celui où se diffuse la santé mentale à l'école (voir chapitre 4). Ensuite, l'autonomie se traduit par la valorisation de l'action, de l'initiative et de la responsabilité individuelles. Elle est devenue normative. Si la phase de l'autonomie-aspiration était une « révolution expressive », celle de l'autonomie-condition est une révolution de l'action individuelle. Cela signifie que nous sommes entrés dans une société où l'on attend de chacun qu'il soit acteur de… : de sa carrière professionnelle comme de sa maladie. Ainsi que l'a souligné le sociologue Abram de Swaan[12], nos sociétés sont passées de la forme du commandement par les ordres (*command by order*), permettant de coordonner l'action à partir d'un centre organisateur, à celle du commandement par la négociation (*command by negociation*), faisant en sorte que les gens coopèrent. Dans ce « nouveau monde industriel », « l'efficacité ne dépend plus de l'intensité du travail programmé de chacun, mais de ce qui se passe *entre* les individus et les groupes de travail[13] ». Il faut construire des compétences, ce qui implique pour l'enfance un renforcement de l'école. Celle-ci a désormais, au-delà de la transmission du savoir, l'obligation de se préoccuper du bien-être des enfants et de leur santé mentale.

Dans cette socialité, le pouvoir d'agir occupe une place majeure. L'autonomie ne signifie pas seulement indépendance. L'augmentation de la liberté de manœuvre des individus est un apprentissage de la coopération dans des relations sociales plus flexibles que celles de la régulation disciplinaire.

L'ascension des représentations collectives de l'autonomie se montre dans une double dynamique interdépendante mise en lumière par Norbert Elias. La première est l'« horizontalisation », c'est-à-dire la réduction des distances entre les classes sociales, entre les sexes et entre les générations – celle-ci nous intéressera évidemment particulièrement. La seconde dynamique est « le relâchement contrôlé des contrôles », caractérisé par l'« informalisation » des relations (manières plus libres entre les sexes, les classes sociales et les générations). De là également, « une expérimentation plus fréquente [impliquant] une insécurisation structurelle[14] » – que les psychanalystes repèrent avec les pathologies narcissiques et les états-limites chez l'enfant comme chez l'adulte. Ce relâchement se singularise par un double mouvement de diminution des contrôles sociaux, à un certain niveau, et d'accroissement de ces mêmes contrôles, à un autre niveau, sous la forme d'*auto*contrôles émotionnels exigeants pour s'accomplir dans la vie. Avec l'autonomie se développe ce que le sociologue Cas Wouters appelle « la contrainte de la non-contrainte[15] ». Comme le souligne Elias, « le processus d'informalisation, donc le fait de s'affranchir de la contrainte extérieure d'un rituel social prescrit, impose de plus hautes exigences à l'appareil de contrôle de soi propre à ceux qui y prennent part[16] ». De là, l'impression pour nombre d'observateurs que le lien social s'affaiblit et que l'individu est surchargé de responsabilités, alors que c'est la normativité qui change, l'idéal social qui se modifie. Et ce n'est pas sans impliquer de nouvelles tensions morales.

La psychanalyse est une pratique essentielle de l'informalisation[17], comme la plupart des pratiques psychothérapeutiques et d'accompagnement, ce qui conduit non à les interpréter sous l'angle d'une incertitude entre l'homme psychologique et l'homme social, mais comme un rituel individualiste de guérison[18]. Son idéal a été formulé par un gourou américain de la psychothérapie : « *Help me help you help me help you* », « Aidez-moi à vous aider à m'aider à vous aider[19]. » Quoi de plus informalisée que cette formule ?

L'autonomie comme condition commune veut dire qu'elle reste certes une aspiration de masse, mais qu'elle est devenue un système d'attentes collectives à l'égard de chacun ; elle est désormais normative, elle est un impératif. Ce changement du régime de l'autonomie modifie les relations entre l'agent et l'action : il accroît la responsabilité de l'agent sur sa propre action. La conséquence est que tout ce qui regarde la socialisation individuelle devient une préoccupation sociale majeure.

Un langage pour formuler les tensions morales de l'autonomie et agir sur elles

Pour préciser le ressort collectif de nos tensions morales, partons d'une remarque de Freud dans « La morale sexuelle civilisée », publiée en 1908. Il note que les patients succombant à la névrose viennent souvent de familles aux origines modestes qui se sont élevées rapidement dans l'échelle sociale. Cela « rend le médecin pensif » quand il entend dans son cabinet : « Nous voulions être quelque chose de mieux que nous ne le pouvions de par notre provenance[20]. » Freud mettait en lumière un malaise individuel noué à des représentations collectives de mobilité et d'accomplissement de soi qui n'étaient pas encore très répandues dans la société de l'époque, une société de séparation et de hiérarchie de classes, avec des rapports très formels, où celui qui monte est souvent considéré comme un « parvenu ». Pourtant, il ne s'appesantit guère sur ce point tout à fait essentiel. Essentiel en ce que la question collective soulevée par la névrose dans une société disciplinaire où la mobilité sociale est une norme subordonnée et qui fait référence à de nombreux interdits. La culpabilité est centrale. Ces malaises ont donc un ressort collectif qui tient à nos manières de penser et d'agir dans notre société.

Si l'on veut parler en langage psychanalytique, nos sociétés sont passées d'une régulation sociale en termes de permis/défendu, dominée par le Surmoi interdicteur, mais aussi protecteur (ce que l'on oublie parfois), à une régulation se formulant selon une polarité capable/incapable, dominée par l'Idéal du Moi (mettant en jeu le narcissisme), c'est-à-dire imprégnée de modèles qui invitent à l'action. Le Surmoi interdicteur étant affaibli, les affects de honte ont tendance à dominer ceux de culpabilité. On change ainsi de culture du malheur intime.

L'importance de la santé mentale tient à ce que l'autonomie met en relief tout ce qui concerne, développe ou atteint la socialisation individuelle dans la mesure où celle-ci est mobilisée par les attentes d'autonomie et intimement liée au pouvoir d'agir – ce qui n'est pas le cas de l'obéissance mécanique. Ce type de relations sociales implique à la fois un degré d'autocontrôle et d'expression des émotions que ne connaissaient pas nos sociétés avant les années 1970-1980 dans la mesure où elles régulaient les conduites plutôt avec des pratiques disciplinaires, l'autonomie restant une valeur subordonnée. Mais pourquoi la santé mentale est-elle, d'un point de vue sociologique, un langage pour formuler des désordres de la personne dans le contexte de l'autonomie normative et agir sur eux ?

Si l'on accepte l'idée que nous sommes à la fois les agents et les patients de la vie sociale, on doit considérer qu'aux changements dans la manière d'agir qu'est l'autonomie correspondent des changements dans la *manière de subir* qui se formulent en termes de santé mentale. Les pratiques de santé mentale représentent une attitude commune à l'égard de la contingence de la socialisation des individus dans une société de l'autonomie comme condition. C'est pourquoi ces pratiques sont à la fois des manières de soutenir son être moral *et* de réguler socialement des comportements.

La spécificité des pathologies mentales, dans la morbidité humaine, est qu'elles sont, pour reprendre la vieille expression du psychiatre Henri Ey, des « pathologies de la liberté ». De la liberté en ce que ces pathologies affectent la socialisation de l'individu. Les symptômes ont la particularité de mettre en relief des aspects moraux et sociaux beaucoup moins présents dans les autres domaines pathologiques. La pathologie affecte le sujet dans sa « subjectivité », sa « personnalité », son « intériorité », c'est-à-dire dans ce que les sociétés individualistes démocratiques posent comme l'essence même de l'humain. Les pathologies mentales sont mentales en ce sens qu'elles affectent les idées que l'on se fait de soi et des autres (persécution, mépris), les sentiments moraux (honte, culpabilité) et les émotions (tristesse, désespoir, angoisse). C'est donc la vie relationnelle qui est concernée par ces pathologies. Dans ce domaine, la santé et la socialité de l'être humain sont inséparables. On doit considérer que ce que nous, les modernes, appelons « pathologies mentales » sont des troubles fonctionnels de la socialité, désignés comme des ratés de la socialisation. On peut les définir comme des troubles de la personne en tant que personne – ce que n'est pas le cancer, par exemple, qui peut avoir des conséquences sur la socialisation de l'individu, mais n'est nullement au centre du diagnostic.

Parce que la santé mentale concerne la socialisation de l'individu moderne et son éventuel destin dans la vie, elle met en jeu des éléments essentiels des sociétés individualistes, tels que la valeur que l'on se donne, l'opposition entre maladie et responsabilité. En même temps, elle représente une reconceptualisation de la santé en général : à travers elle, les contingences des relations sociales sont au cœur de la santé. Elle permet de développer une attitude positive à l'égard de ces contingences[21]. Les aléas de la vie sociale susceptibles de faire souffrir psychologiquement les individus (dans l'entreprise, la famille ou l'école) sont ainsi entrés dans des pratiques multiples pratiquées par divers corps professionnels (psychologues, psychiatres, psychanalystes, travailleurs sociaux). Ils se montrent à travers le vocabulaire que nous employons pour les formuler et y faire face. Ainsi, celui, omniprésent aujourd'hui, des compétences dites émotionnelles, relationnelles ou de savoir-être, compétences explicitement sociales, la santé mentale apparaît comme la condition de la bonne socialisation de chacun – la nécessité de développer ces compétences chez les enfants et les jeunes fait l'objet d'injonctions répétitives.

Marcel Mauss a clairement mis en relief en quoi consiste le fondement social de la subjectivité, de l'affect, des émotions, des sentiments, bref, de l'individualité. Il écrivait en 1921, sur le cas des rituels de deuil, en quoi consiste l'expression attendue des émotions : « Une catégorie considérable d'expressions orales de sentiments et d'émotions n'a rien que de collectif [...]. Disons tout de suite que ce caractère collectif ne nuit en rien à l'intensité des sentiments, bien au contraire. [...] Toutes ces expressions collectives, simultanées, à valeur morale et à force obligatoire des sentiments de l'individu et du groupe, ce sont plus que de simples manifestations, ce sont des signes, des expressions comprises, bref, un langage. [...] On fait donc plus que manifester ses sentiments, on les manifeste aux autres, puisqu'il faut les leur manifester. On se les manifeste à soi en les exprimant aux autres et pour le compte des autres. C'est essentiellement une symbolique[22]. »

Cela tient au fait que les émotions s'expriment, que cette expression se produit et prend forme dans un contexte et selon des règles sociales permettant leur reconnaissance et leur utilisation à des fins variées. C'est pourquoi ces émotions et ces sentiments sont à la fois obligatoires et volontaires, attendus et spontanés, comme le souligne Mauss : « Cette conventionalité et cette régularité n'excluent nullement la sincérité[23]. » Au contraire, elle en est la *condition*.

La santé mentale est un langage dont l'objet est les désordres de la personne en tant que personne, donc de sa socialisation. C'est en tant qu'être social que l'individu est affecté. La santé mentale de l'enfant soulève une question qui lui est spécifique : qu'est-ce que devenir une personne dans notre société, c'est-à-dire un individu autonome, et comment le devient-on ? Cette question se pose dans toute société, moderne comme traditionnelle, car chaque destin personnel recèle sa part d'incertitude, et chaque société traite de ce type de désordres. Comparer le traitement de ce type de questions dans une société traditionnelle et dans la société moderne va nous permettre de souligner notre spécificité en la matière. Les développements des prochains chapitres clarifieront, grâce à la perspective sociohistorique sur les conceptions de l'enfant qui inquiète et ses traitements, ce qu'il se passe avec la normativité actuelle de l'autonomie individuelle.

L'enfant qui inquiète dans une société hiérarchique et dans une société individualiste

L'intérêt de comparer l'enfant dans une société de lignage et celui dans une société individualiste est de mettre au jour la signification de la particularité dans une société qui y résiste et celle qu'elle prend dans une société qui la valorise. La comparaison doit nous éclairer sur deux points : comprendre ce que signifie « individualiser » et pourquoi il s'agit d'une nécessité, que l'on soit dans une société individualiste ou dans une société holiste d'une part, comprendre les formes totalement différentes de traitement des désordres de la socialisation, d'autre part.

L'opposition entre l'individu et le collectif ressort d'une confusion, mais elle désigne une vraie question, celle de la place de l'individuel dans une société. Le concept de personne permet de clarifier en quoi consiste cette place. Dans toute société il y a des personnes, ce qui signifie qu'on peut intriquer le particulier dans le général en ménageant une place à l'individuel. « Chaque culture, écrit l'anthropologue Jacqueline Rabain dans *L'Enfant du lignage*, admet comme légitime un modèle de l'individualité, un mode d'être du particulier par rapport au général. [...] Ce à quoi toute étude sur la socialisation a fondamentalement rapport, à savoir les formes de particularisation propres à la société étudiée[24]. » Individualiser, c'est trouver *sa place de particulier dans le général.*

Les Wolof et les Lebou du Sénégal sont une société hiérarchique de castes. La socialisation de l'enfant consiste en une succession de statuts auxquels correspondent de multiples pratiques l'invitant à l'échange social, échange qui montre son intégration. L'échange social, qu'il s'agisse de nourriture ou de paroles, est la valeur essentielle de cette société. L'autorité ne s'y exerce pas directement, elle passe la plupart du temps par l'invite. Ainsi, un adulte dirait à un enfant : « Comme tes fruits sont beaux ! », ce qui constitue une invite à en donner – l'échange de nourriture est essentiel aux interactions sociales. Dans cette société, on évite la confrontation directe à l'autorité.

C'est seulement entre égaux qu'il peut y avoir joute ou compétition, et par le don – il s'agit d'être plus généreux que l'autre. La particularisation de l'individu est entièrement subordonnée à son statut dans la hiérarchie sociale, à son sexe et à sa classe d'âge. Savoir toujours tenir sa place (et non la dépasser) est essentiel à la socialité du lignage. Être doté de qualités exceptionnelles suscite l'interrogation car cela présente un risque pour l'ordre hiérarchique. Nous n'avons pas affaire à une société qui valorise l'action individuelle. Si un groupe de mères observe un enfant, celles-ci s'interrogent non sur ses progrès ou sur son potentiel d'avenir, mais plutôt sur l'ancêtre qu'il reproduit. Car chaque individu possède un double. La temporalité n'est pas linéaire, mais cyclique et les valeurs suprêmes vont à l'ancêtre – pas à l'avenir. Car « c'est le désir des ascendants morts[25] » qui est en jeu, non celui de l'individu.

Quand un conflit laisse un enfant en désarroi, les adultes ne cherchent pas à faire la part des torts de chacun, ils demandent à l'enfant : « Qui t'a fait cela ? » Quand un agriculteur voit sa récolte dévastée, il se demande : « Qui m'en veut ? » Les interprétations sont persécutives et projectives, la culpabilité et l'intériorisation occupent une place marginale. Les maladies elles-mêmes sont inséparables des aléas de la vie sociale. Il n'y a pas de hasard car les causes de l'événement sont toujours intentionnelles[26].

L'opposition entre la persécution lignagère et la culpabilité individualiste singularise les deux conceptions de l'individualité l'une par rapport à l'autre, individualiste et holiste/hiérarchique.

Qu'en est-il, dans ce contexte, de l'enfant qui inquiète ?

Le cas de l'enfant dit *nit ku bon* permet de répondre à la question. Cet enfant est « une mauvaise personne[27] » parce qu'il montre une attitude excessive de réserve et de repli. C'est son principal symptôme : il ne participe pas à l'échange social – il ne parle pas à ses camarades, garde la tête baissée, s'isole, etc. Si la discrétion est nécessaire à la politesse entre les personnes, il est trop réservé. Souvent, il montre une intelligence précoce, il dépasse les autres, ce qui est dangereux pour l'ordre social. Comme sa réserve est donnée et non le résultat de l'éducation, elle est interprétée comme la résurgence d'un ancêtre ou d'un esprit. Il a l'intelligence d'un vieillard, comme s'il appartenait et à ce monde et à l'autre monde, celui des morts, des ancêtres et des esprits. On ne sait pas qui il est. On s'interroge sur son identité, c'est-à-dire, dans une société où les valeurs suprêmes vont à l'ancêtre, sur qui il reproduit. Or, il se suffit à lui-même, écrit Jacqueline Rabain. Quoi de plus inquiétant ?

Le plus inquiétant est qu'il peut mourir, partir dans l'autre monde. S'il survit, il peut être promesse d'une belle famille, par exemple. Il y a donc une ambivalence.

Dans une société régie par le statut, l'enfant ne parle pas et n'agit pas par lui-même, il est parlé par les autres et agi, et l'important est de découvrir l'entité responsable. Cela conduit l'entourage à faire des hypothèses variées sur les ancêtres ou les esprits susceptibles d'être candidats et les raisons pour lesquelles ils interviennent dans la vie des vivants. En tout cas, dans une société où l'individu est agi, il n'est pas possible d'expliquer la conduite du *nit ku bon* par des conflits entre individus. Ce n'est pas l'enfant qui compte, mais, dans la mesure où ce qui l'affecte est lié à des aléas de la vie sociale, le système de l'échange social, troublé par une entité habitant l'enfant. L'enfant *nit ku bon* inquiète non en tant qu'individu qui souffre ou qui enfreint l'ordre social, comme chez nous, mais parce que son statut, entre deux mondes, est incertain. D'une manière générale l'enjeu du mal qui atteint un individu et de son traitement est la régulation des rapports sociaux.

Les interprétations permettent de faire face à la contingence – l'aléatoire, le malheur, etc. C'est tout son environnement qui est examiné. S'il meurt, il sanctionne la mauvaise conduite de sa famille, s'il vit, sa bonne conduite. Le désordre lignager de la personne inquiète parce qu'il trouble l'ordre de l'échange, le désordre individualiste de la personne parce qu'il trouble la socialisation de l'individu. Dans un cas, on est face à des interprétations holistes et dans l'autre on a affaire à des interprétations individualistes. Dans les deux cas, les pratiques consistent en actions rituelles, chez nous des pratiques psychodynamiques ou comportementales-cognitives (remédiation, rééducation)[28].

Un court et lumineux article d'Edmond Ortigues sur la guérison rituelle permet de préciser comment le rite travaille. La thérapie peut consister à apaiser l'esprit errant en lui organisant un culte : il est alors transféré du corps de l'individu à l'autel. La persécution exige une réponse projective : il s'agit de faire sortir le mal du corps individuel. Le point comparatif intéressant est que « ce n'est pas seulement le *rab* [l'esprit ancestral], c'est aussi l'individu qui est fixé à l'autel dont il devient un officiant. [...] Il est fixé dans la dépendance des puissances ancestrales qui président à son destin. Désormais, il ne pourra vivre en bonne santé sans répéter indéfiniment les rites » : « La guérison rituelle est un déplacement de symptôme[29]. » Elle projette le mal au-dehors de l'individu en fixant celui-ci à l'autel. On ne s'intéresse pas à la psychologie du sujet, à l'individu. Celui-ci ne peut agir par lui-même pour s'en sortir, il est au contraire déchargé de cette tâche. L'autel met sa santé entre les mains de l'entité ancestrale qui est à la fois investie négativement en tant que persécuteur et positivement au travers du culte et de l'autel.

L'enfant du lignage trouve progressivement sa place de particulier dans le général selon une logique des statuts, l'enfant de l'individualisme dans une trajectoire tournée vers l'avenir. Comme le souligne le sociologue François de Singly dans un ouvrage-conseils, en matière d'éducation, il s'agit d'« aider l'enfant à devenir lui-même[30] ».

La comparaison anthropologique nous apprend donc que, pour aborder chez nous sociologiquement ce que nous appelons les troubles mentaux, il faut les considérer sous l'angle des désordres de la personne, c'est-à-dire comme des attitudes sociales qui inquiètent, dont l'expression et le traitement sont dépendants des représentations collectives. Ces attitudes concernent toutes les sociétés et les pratiques qui les régulent consistent à socialiser le mal en clarifiant, dans un cas, le désir des ascendants morts et, dans l'autre, par des pratiques psychothérapeutiques qui réintroduisent l'individu dans la socialisation ordinaire. Cela implique que la généralisation du souci pour la santé mentale relève d'une attitude globale à l'égard de nos contingences dans laquelle se montrent nos tensions morales et nos manières d'y faire face.

Armés de tous ces outils, nous pouvons espérer dénouer l'enchevêtrement de nos règles sociales en donnant une vue d'ensemble de l'enfant qui inquiète dans nos sociétés individualistes.

CHAPITRE 2

L'enfant-individu déficient : un individualisme subordonné à l'ordre social

« Bandit ! Voyou ! Voleur ! Chenapan ! »

Jacques PRÉVERT,
La Chasse à l'enfant, 1936.

Au Moyen Âge, l'enfant est défini par rapport à sa catégorie sociale et non comme un individu ayant un statut et un droit particuliers. Au XVIIIe siècle, une différenciation des âges apparaît quant à la responsabilité pénale[1]. Mais c'est la modernité qui a spécifié et, par ce changement même, a globalisé, l'enfance en considérant l'enfant comme un individu distinct de l'adulte dans une perspective marquée par la dynamique de l'égalité individualiste. Qu'est-ce que cela veut dire ?

La Révolution voit la rupture symbolique avec la société d'ordres (noblesse, clergé, tiers état) de l'Ancien Régime. En lieu et place est conçue et mise en pratique une nouvelle entité à deux faces, la société et l'individu, c'est-à-dire un système de représentations collectives reposant non plus sur la hiérarchie des ordres et la naissance, mais sur les relations entre individus possédant à la fois des droits et des devoirs, autrement dit des citoyens. Si les principes individualistes de liberté et d'égalité sont désormais fondés en droit, la vie sociale ne l'est que faiblement. Un roman comme *Le Rouge et le Noir*, publié en 1830, en est emblématique avec ses personnages hantés par leur place hiérarchique et leur naissance, qu'elle soit plébéienne ou noble – on est encore dans une société de hiérarchie, d'honneur et de honte. La distance hiérarchique entre les classes sociales, les sexes et les générations est forte et leurs relations sont très formalisées. Il faudra un long processus de démocratisation de la société pour que celle-ci devienne individualiste avec, à partir de l'après Seconde Guerre mondiale, la progressive imprégnation de nos relations sociales par les représentations collectives de l'autonomie individuelle.

La période qui va du tournant du XIXe siècle à Vichy peut être définie comme celle d'un individualisme *subordonné* hiérarchiquement en valeur à la préservation de l'ordre social. En quoi consiste cet individualisme ?

Apparition de l'enfant-individu… déficient

Entre la Révolution et l'Empire, l'enfant-individu apparaît en droit dans la période de genèse de l'individualisme moderne et il s'affirme, à partir des années 1850, selon une figure qu'on peut appeler l'enfant-individu déficient. La notion de déficience est à bien distinguer de celle d'inadaptation qui sera employée à partir de Vichy (voir en fin de ce chapitre) et de celle de handicap (ce sera l'enfant-individu acteur) qui se diffusera dans les années 1980. L'enfant-individu est déficient au sens où il est d'abord caractérisé par ses manques vis-à-vis de la norme de l'individu achevé.

Apparaît au milieu du XIXe siècle ce qui va être le propre de l'enfant-individu : son « potentiel d'avenir[2] ». De Darwin à Piaget, pour reprendre le titre du livre de Dominique Ottavi, cette notion de « potentiel d'avenir » commence à s'ancrer dans les institutions s'occupant des enfants, et des pratiques moins formalisées vont se développer au tournant du XXe siècle.

La figure de l'enfant-individu déficient connaît de profondes modifications jusqu'à la Seconde Guerre mondiale. Cependant, malgré les énormes changements entre le milieu du XIXe siècle et l'entre-deux-guerres mondiales, on peut grossièrement résumer l'approche de l'enfance à problèmes de la manière suivante : il s'agit de rééduquer en *corrigeant la volonté*, l'anormalité et l'indiscipline ayant tendance à se confondre[3]. Cette conception est au centre de l'idée de déficience.

Les changements qui se dérouleront à partir de la IIIe République peuvent être symbolisés par une phrase du psychologue et pédagogue suisse Édouard Claparède (1873-1940) écrite en 1915 : « Il s'agit de placer le centre de gravité de l'éducation non pas dans le programme, mais dans l'enfant lui-même[4]. » Autrement dit, pour diriger son comportement et façonner son esprit, on substitue à la règle formelle extérieure à l'individu un autre mode d'intervention qui se réfère plus fortement à l'idéal du potentiel d'avenir. On verra dans le développement de cette attitude à l'égard de l'enfant (tribunaux pour enfants, apparition de la psychologie, etc.) une spécification progressive des pratiques de régulation par rapport à celles de l'adulte.

Dans un premier temps de l'enfance moderne, il s'agit essentiellement de pallier les déficiences : instabilité, violences, délits divers, dont le vagabondage représente une part fort importante. Le palliatif est d'abord correctif, l'éducation étant elle-même corrective, la confiance étant placée dans la règle que chaque individu doit suivre. C'est un « modèle tutélaire[5] » qui guide l'action. Dans un second temps, avec la progressive démocratisation de la société à partir de la IIIe République, dont le fer de lance pour l'enfance est l'école obligatoire, et surtout entre les deux guerres mondiales et Vichy, on verra s'amorcer la référence à la notion de protection dans les manières de raisonner sur l'enfance qui inquiète. On assistera à l'ascension progressive de la figure de l'enfant-victime, y compris lorsqu'il est délinquant.

L'enfant qui inquiète se dédouble en deux catégories, dont les frontières et les recoupements varieront tout au long de la période : la délinquance et l'arriération. Mais dans les deux cas, ce qui inquiète est la mise en cause de l'ordre social, comme dans les maux qui affectent les sociétés du lignage. La première opération est alors de retirer l'enfant de la vie sociale en le soumettant à des régulations disciplinaires de type formalisé. C'est pourquoi il faut parler d'individualisme subordonné.

Au cours de la période considérée, trois questions sont soulevées. La première est celle de la délinquance : l'enfant est-il capable de discernement ? La seconde est celle de l'arriération : est-il éducable ? Viendra progressivement s'ajouter après la Première Guerre mondiale, avec les tout débuts de la psychiatrie infantile et de la psychologie scientifique, la troisième question : dans quelle mesure l'un et l'autre sont-ils susceptibles d'interventions psychothérapeutiques ?

De la Révolution française aux années 1850 : des pratiques différenciant peu l'enfant de l'adulte

À partir de la Révolution et du Premier Empire, l'enfant est considéré juridiquement comme un individu au sens où il n'appartient à personne et possède des *droits spécifiques*, ceux d'être éduqué et protégé[6]. L'enjeu nouveau est son avenir en tant que citoyen, capable d'exercer des droits et d'accomplir des devoirs. La majorité est fixée à 16 ans dans le Code pénal de 1791 – en dessous doit être soulevée la question de son discernement. Simultanément, la puissance paternelle se voit limitée par le Code civil (abolition de la lettre de cachet, suppression du testament et du droit de déshériter, mais maintien du droit de correction) qui instaure la majorité civile à 21 ans. Toutefois, la déchéance paternelle n'est prononcée que pour quelques délits. Pour les Révolutionnaires, « la philosophie de la justice [...] [est] structurellement référencée à l'individu, selon les principes des Codes civil et pénal. En matière d'enfance à problème, la culture judiciaire se forge d'abord au pénal. Il s'agit de sortir les enfants des prisons et d'humaniser le traitement des jeunes délinquants[7]. »

Au cours de cette période, on assiste à la progressive institution d'un rapport au temps que François Hartog appelle « le temps moderne », qui a pour caractéristique fondamentale d'être orienté vers l'avenir conçu comme vecteur et recteur du présent. Pascal constate déjà dans *Les Provinciales* (1656) que « le siècle est en train de l'emporter sur la tradition ». Il triomphe entre la fin du XVIIIe siècle et le milieu du XXe sous le régime du « futurisme du régime moderne[8] ». L'idéal du nouveau et ceux corrélatifs de la perfectibilité (à la place de la perfection chrétienne) et de l'action individuelle prennent une place inédite. En même temps, les acteurs perçoivent un temps qui s'accélère : nous ne sommes plus dans l'attente chrétienne de la Parousie (fin des temps), mais dans l'action des hommes dans et sur le monde.

Dans ce nouveau cadre temporel, renforcé par la révolution démocratique, la question du destin personnel se pose en un sens individualiste qui concerne évidemment l'enfance : le futurisme du temps moderne ouvre l'espace social, donc mental, pour l'idée de potentiel.

Il ne s'agit plus seulement de reproduire un ordre social, mais de produire de l'action individuelle. La hiérarchie des classes implique d'autres formes de régulation des conduites que celles de la hiérarchie des ordres, quand bien même les distances sociales restent fortes. Le type d'action individuelle qui compte n'est plus seulement celle du soldat ou celle du noble, c'est aussi celle de l'homme ordinaire, celle de chacun, mais différente selon la position sociale. Le développement de l'industrie, systématiquement orientée vers l'avenir, est un vecteur fondamental de cette nouvelle donne.

Dès lors commencent à se poser les questions de volonté dans la mesure où elle est d'abord concernée par les explications de l'action humaine : volontaire, involontaire, impulsive, etc. Ce nouage de la volonté et de l'action est l'expression d'idéaux sociaux individualistes. Mais ceux-ci restent subordonnés au holisme de la hiérarchie sociale. Cela signifie que les pratiques se différencient fortement selon les positions sociales.

L'ascension de la bourgeoisie se marque par toutes sortes de rituels de convenance. La bourgeoisie emprunte à la tradition aristocratique tandis que la noblesse se modernise, notamment par le travail. Les relations sociales sont très formalisées et très hiérarchisées à l'intérieur d'une classe (notamment entre femmes et hommes, entre parents et enfants) comme entre les classes. Pour la bourgeoisie, il importe d'éviter la chute, la faute, les tentations. Dans le temps orienté vers l'avenir, il s'agit de « monter ».

Pour que chacun agisse comme il convient, il faut réguler les conduites en s'appuyant sur les pratiques disciplinaires qui laissent à l'individu le moins de marges de manœuvre possible. Les disciplines ne sont pas seulement des mécanismes de pouvoir, et finalement d'exclusion, selon l'idée trop étroite largement développée par Michel Foucault – qui y voyait le sous-sol des Lumières[9] –, ce sont aussi et en même temps des pratiques de socialisation faisant appel à la régulation formalisée. En nouant volonté et action, elles visent à rapprocher l'enfant le plus possible de la vie commune, incarnant ainsi une nouvelle idée de l'enfance, mais en le retirant de la vie sociale ordinaire qui le perturbe et qu'il perturbe.

Une partie de l'enfance commence à faire l'objet de pratiques éducatives : créé en 1802, le lycée inclut des classes élémentaires (le « petit lycée »), pour les enfants de la bourgeoisie destinés à poursuivre leurs études. La loi Guizot de 1833 crée l'école élémentaire publique au niveau communal, mais elle n'est pas obligatoire et ne concerne que les garçons. Une loi de 1841 limite la durée du travail des enfants selon l'âge, l'interdisant la nuit et avant 8 ans.

Les prises en charge de l'enfant délinquant et arriéré se font essentiellement dans des institutions créées spécifiquement pour lui. L'organisation close (hors de la vie ordinaire) et le professionnel sont les agents principaux du redressement moral. Le Code pénal de 1810 prévoit que le critère conditionnant le traitement judiciaire du mineur est son « discernement » au moment de l'acte. Ceux ayant agi avec discernement sont condamnés, mais avec une peine réduite par rapport à celle qui aurait été infligée à l'adulte, les autres sont acquittés, remis à leur famille ou sont condamnés à des mesures d'« éducation correctionnelle ». Néanmoins, le très faible développement d'organisations spécifiques pour accueillir les non-discernants conduit à ce que les deux catégories peuplent les prisons et partagent ainsi le destin des adultes. Dans « éducation correctionnelle », la préoccupation éducative est d'abord de type correctionnel.

En 1836, est créée la maison d'éducation correctionnelle de la Petite Roquette qui accueille discernants et non-discernants et vise à lier la peine à l'éducation[10]. C'est une prison avec cellules pour la nuit, où les enfants sont isolés pour qu'ils puissent mieux s'amender de leurs fautes. Punitions et récompenses rythment leur vie. Ils reçoivent une instruction élémentaire et religieuse. La Roquette devient maison d'arrêt pour mineurs en 1865. À partir des années 1830, des colonies agricoles sont créées pour accueillir les mineurs au lieu de les envoyer en prison. La plus célèbre d'entre elles, La Mettray (Indre-et-Loire), est fondée en 1839. Ces projets sont soutenus par les philanthropes. Il faut donc comprendre que, dans le contexte de l'époque, ce sont des projets humanistes dont les idéaux consistent, au-delà de « surveiller et punir », à éduquer en corrigeant.

Le principe général de toutes ces interventions consiste à retirer l'enfant de la vie sociale pour lui « apprendre la soumission à l'autorité », selon l'expression du fondateur de La Mettray[11], et obtenir sa rédemption par le travail agricole qui rapproche de la nature. Sa volonté doit être dressée et redressée. L'administration pénitentiaire, qui s'occupe autant des enfants que des adultes, ouvre elle-même de telles colonies. Elles sont officialisées par une loi de 1850. Elles deviennent également industrielles au fur et à mesure du développement important de l'industrie dès cette période. Elles s'appellent désormais « colonies pénitentiaires », marquant bien ainsi leur caractère punitif.

L'enfance arriérée, non éducable

Concernant l'enfance arriérée, on considère, dans un premier temps, qu'elle est inéducable.

L'aliénisme se développe comme une « pratique de l'esprit humain[12] » s'appuyant sur la technique du « traitement moral », c'est-à-dire un travail de persuasion que l'aliéniste exerce sur son patient en s'appuyant sur l'idée nouvelle qu'il possède un reste de raison. Mais cette direction morale concerne l'adulte. La folie n'est d'abord pas conçue comme une maladie d'enfant car, avant la puberté, ce dernier n'est pas considéré comme un être de raison. L'enfance aliénée n'est pas appréhendée comme folle, mais comme arriérée, et se voit rangée sous la catégorie d'idiotie, autre forme d'aliénation mentale que la folie.

Au cours des années 1830, l'aliéniste Jean-Étienne Dominique Esquirol (1772-1840) établit une distinction entre déficience mentale et maladie mentale. L'idiotie est un état caractérisé par l'absence de développement, ce n'est pas une maladie. Il distingue une sous-catégorie parmi les idiots, les imbéciles, susceptibles de recevoir une certaine éducation pouvant leur permettre d'effectuer des travaux simples, donc d'agir dans la société. Les idiots et les imbéciles voient la « loi des aliénés » du 30 juin 1838 (dont Esquirol est considéré comme le « père ») leur être appliquée par une décision du ministère de l'Intérieur. L'idiotie et l'imbécillité sont désormais considérées comme une forme particulière d'aliénation mentale. Les enfants qui en sont affligés sont recueillis dans les asiles, mais sans services dédiés, ce qui fait qu'ils végètent, privés d'éducation. On note quelques exceptions dans la première partie du XIXe siècle[13], comme celle d'Édouard Séguin (1812-1880) qui mit au point des méthodes éducatives pour les enfants déficients en considérant l'arriération non comme un état, mais comme un arrêt du développement des fonctions intellectuelles[14].

Le tournant de l'évolutionnisme darwinien

À partir du milieu du XIXe siècle, un nouveau courant intellectuel et scientifique favorise un changement dans l'appréhension de l'enfant à problème : l'évolutionnisme darwinien.

Une science de l'enfant pour laquelle la référence à Darwin joue un rôle fondamental – *L'Origine des espèces* est publié en 1859 – voit le jour. L'évolution apporte, par rapport à la notion traditionnelle de développement, qui signifie maturation progressive d'une virtualité enveloppée dans une forme, l'idée d'un changement *non compris* dans le point de départ. Elle introduit ainsi l'histoire, mais aussi la possibilité de concevoir un progrès. De plus, l'évolutionnisme met en lumière le rôle de l'environnement pour comprendre l'homme, d'où la place fondamentale qu'il joua dans la naissance des sciences sociales. Darwin emblématise le temps moderne en l'ancrant dans la nature. Comme le montre Dominique Ottavi[15], « l'individu ne peut plus être simplement, dans la vision darwinienne, l'exemplification d'un plan, fût-ce un plan de développement dans le sens de l'adaptation ». L'individualité elle-même résulte d'une « tension entre héritage et innovation », tension sur laquelle il est possible d'agir. On commence à observer les enfants et à produire des monographies. L'avenir est désormais le guide du temps avec le progrès comme moteur.

Le psychologue suisse Jean Piaget (1896-1980) tire de Darwin une psychogenèse de la vie intellectuelle (l'intelligence). Elle se décompose en différents stades se succédant dans un ordre invariable de manière continue et imprégnera fortement les représentations de l'enfance dans les années 1930. Bien que le modèle piagétien soit une description des stades de développement de l'intelligence, la fonction affective y est présente. Le neurologue et psychologue Henri Wallon (1879-1962), deuxième penseur du développement de l'enfant entre les deux guerres, privilégie, lui, la maturation affective sur la vie intellectuelle car c'est elle qui le relie à la vie sociale – l'idée est soutenue dans sa thèse, *L'Enfant turbulent*, publiée en 1925. Le développement de l'enfant se fait également par stades, mais qui se succèdent dans des crises, et non de façon continue, à la Piaget.

Le développement est donc conçu comme une succession de stades allant du simple au complexe, par référence à la norme de l'adulte achevé. L'enfant repasse dans son développement personnel (l'ontogenèse) les phases de l'évolution de l'espèce (la phylogenèse), la maturité étant analogue à la civilisation. La dimension du progrès devient centrale. L'enjeu anthropologique de l'enfance est alors le devenir de l'espèce humaine.

La IIIe République en fera un enjeu politique majeur car il s'agit d'intégrer les masses à la citoyenneté républicaine *via* l'école.

Des débuts de la IIIe République à Vichy : la singularité de l'enfant au carrefour de la science et de la République

Avec la IIIe République, qui apparaît à la croisée du temps moderne et du darwinisme, on assiste à un changement d'état d'esprit caractérisé par l'alliance d'une nouvelle science, la psychologie scientifique empirique, et des idéaux républicains de fabrication des citoyens. Du côté de l'enfance arriérée, cette alliance est symbolisée par les classes de perfectionnement créées en 1909 ; du côté de l'enfance délinquante, elle l'est par les tribunaux pour enfants créés en 1912. Tandis que de nouvelles pratiques et professions se développent spécifiquement pour les enfants, la valeur de la correction décline. Les deux questions du discernement et de l'éducation se formulent de façon nouvelle.

La première chaire de psychologie « expérimentale et comparée » est créée au Collège de France en 1887. Le philosophe Théodule Ribot (1839-1916), « le plus éminent représentant de la nouvelle psychologie[16] », y est élu en 1888. Elle est nouvelle en ce qu'elle est scientifique, car elle s'appuie sur un travail empirique de laboratoire. Pour Ribot, « lorsque la psychologie nouvelle, affichant sa scientificité, s'appliquera à l'éducation et à la scolarisation, elle affirmera cette mission émancipatrice par rapport aux vieilles méthodes et au modèle autoritaire de l'éducation, auxquels elle opposera l'argument de la connaissance de la nature psychique de l'enfant et de ses besoins, tant sur le plan général que sur le plan individuel[17] ». La science et la République se renforcent clairement l'une et l'autre. Ribot se réfère à l'hérédité biologique qu'il conçoit comme un facteur de progrès et pas seulement de dégénérescence, l'idée dominante à la fin du XIXe siècle chez les aliénistes étant que la débilité mentale constitue une des grandes classes de la dégénérescence. Pour Ribot, la pathologie mentale est une régression de l'évolution.

Entre les deux dernières décennies du XIXe siècle et le début du XXe, sont votées les deux lois Jules Ferry de 1881 et 1882 qui rendent gratuite et obligatoire l'instruction primaire (entre 6 et 13 ans), la loi sur la déchéance paternelle de 1889, et celle de 1898 qui fait apparaître l'enfant comme victime à protéger. Dans ce contexte, est créée par le grand pédagogue républicain Ferdinand Buisson (le principal conseiller de Ferry) une Société libre pour l'étude psychologique de l'enfant destiné tout particulièrement aux instituteurs.

L'enfance arriérée : devient-elle susceptible de progrès ?

Au XXe siècle, ce sera en majeure partie au sein de l'école qu'on différenciera enfants normaux et anormaux. De nouvelles catégories apparaissent qui renouvellent la distinction entre éducables et inéducables : les instables ou indisciplinés, ceux qui ne suivent pas (débiles légers), etc. L'obligation scolaire fait ressortir deux populations préoccupantes : les débiles et les instables ou indisciplinés, affectés par des troubles du comportement. L'extension aux enfants anormaux de l'obligation scolaire conduit à soulever la question d'un enseignement spécialisé[18]. L'idéal républicain d'accès de chacun à la citoyenneté se concrétise par l'idée qu'on peut faire faire des progrès, même minimes, aux enfants idiots. Nous voyons là se dessiner une approche nouvelle.

La thèse que l'enseignement spécialisé résulte de l'augmentation de la population scolaire et donc du nombre d'enfants en difficulté est contestée. En effet, l'enseignement spécialisé ne provient pas à l'origine de l'école, il est d'abord promu par des aliénistes. Le psychiatre et homme politique (il sera élu député radical-socialiste) Désiré-Magloire Bourneville (1840-1909), considéré parfois comme le Pinel de l'enfance aliénée, est le chef de file des projets d'éducation de ces enfants idiots placés en asile. Pour lui, ces derniers sont éducables. Il crée un asile-école à Bicêtre pour les garçons et un autre à la Fondation Vallée pour les filles – il existe également quelques autres initiatives en France[19]. Il y pratique une méthode médico-pédagogique. La pédagogique consiste en une éducation sensorielle, motrice, physique et intellectuelle (apprentissage de la lecture, de l'écriture, leçons de choses, etc.), de l'hydrothérapie, de la surveillance et des sanctions ; la méthode médicale reprend les pratiques à l'égard des adultes. Les projets d'asile-école seront un échec – celui de Bourneville est fermé l'année de sa mort. Les classes spéciales, créées au sein des écoles publiques, emporteront la faveur.

Leur ouverture est décidée par un arrêté de 1904. Une commission interministérielle est mise en place par le ministère de l'Instruction publique qui s'empare du sujet et demande un guide scientifique pour sélectionner les élèves en vue d'étendre l'école obligatoire aux enfants anormaux. C'est un projet marqué par la dynamique égalitaire des idéaux républicains

– rapprocher les anormaux des normaux. En 1909, les classes et écoles de perfectionnement pour les « arriérés » voient le jour par la loi du 15 avril. Une quinzaine de classes avaient été créées en France dans la première décennie du siècle. Mais la loi restera longtemps inopérante car laissée à la libre disposition des communes : la IIIe République en créera quelques dizaines ; elles ne se développeront qu'à partir de la IVe République qui les rend obligatoires en 1945.

À Bordeaux, considérée comme une ville pionnière pour l'action en matière d'enfance anormale, des médecins-inspecteurs visitent les écoles dès le début du siècle pour repérer les enfants nécessitant une intervention. La psychiatrie, à la différence des autres spécialités, est chargée d'une fonction de traitement. Dans le cadre de la mise en place de quelques classes spéciales, on procède à un recensement entre 1906 et 1908 en examinant *individuellement* plus de mille cinq cents garçons et filles. Le nombre « d'anormaux psychiques » est estimé à un peu plus de 5 %[20]. Quatre classes spéciales pour les garçons et une pour les filles sont créées pour une petite centaine d'élèves – le recensement indiquait un besoin pour huit cents enfants. Le travail manuel occupe une place centrale dans l'instruction et est fortement différencié pour les filles, destinées à l'espace domestique, et les garçons, appelés à travailler dans le monde extérieur. La discipline joue un rôle primordial étant donné le caractère asocial des anormaux, et le temps de la journée est entièrement organisé par des prescriptions. La création de ces classes s'inscrit dans une dynamique impulsée par le ministère de l'Instruction publique qui s'appuie sur la commission chargée de travailler sur le traitement scolaire des anormaux mise en place en 1904. Ces classes ont pu servir de terrain de réflexion pour la préparation de la loi du 15 avril 1909.

Dans la période qui va des premières initiatives prises par le ministère de l'Instruction publique en 1903-1904 à la loi de 1909, le psychologue Alfred Binet[21] (1857-1911) et l'aliéniste Théodore Simon (1873-1961) élaborent leur fameuse échelle d'intelligence en 1905 et publient *Les Enfants anormaux* ainsi qu'un *Guide pour l'admission des enfants anormaux dans les classes de perfectionnement* en 1907. Ils y distinguent les « anormaux d'école » (arriérés) et les « anormaux d'asile » (idiots et imbéciles). Le but de leurs travaux est de comprendre à quelles conditions et par quelles méthodes on pourrait rendre l'école obligatoire applicable pratiquement aux enfants aveugles, sourds-muets, arriérés, idiots, etc. Directeur du laboratoire de psychologie physiologique à la Sorbonne, Binet crée (avec Henri-Étienne Beaunis) la revue *L'Année psychologique* en 1894. Partisan d'une psychologie scientifique et expérimentale à la Ribot, il a travaillé dans les asiles et observé longuement les enfants, mettant en relief des particularités individuelles auxquelles on était peu sensible jusqu'alors. S'il est assimilé par la tradition à la mesure de l'intelligence, son travail développe principalement une *psychologie des différences individuelles.* Théodore Simon promeut, lui, une approche singularisante, à la fois psychiatrique et pédagogique, pour aborder l'enfant. Il est médecin chef de la colonie pour enfants de l'hôpital de Perray-Vaucluse qui accueille des « arriérés éducables[22] ». L'échelle a fait l'objet de multiples controverses, mais a été peu employée avant les années 1960[23].

Avec Binet et Simon, mais aussi le Suisse Édouard Claparède, la psychologie devient une science appliquée se focalisant sur l'individualité. Il y a là un outil pouvant servir de point d'appui à une perspective émancipatrice concrétisant les idéaux politiques de la République.

L'association de la science et de la République se concrétise dans le couple d'outils aptitudes/tests dont l'objectif est d'offrir *plus* de chances *à chacun* en fonction de ses capacités. Il s'agit désormais de classer les enfants pour leur assurer à tous plus d'avenir, quand bien même cela ne serait pas possible pour tous. Alors que la psychologie scientifique et expérimentale, introduite en France par Hippolyte Taine, étudiait les processus supérieurs que sont les états de conscience à partir des processus primaires que sont les sensations, l'échelle de Binet et Simon permet de mesurer directement ces processus supérieurs. Il se produit une inflexion de la psychologie associationniste (pratiquée par Taine) vers la psychologie de la conduite dont les effets pratiques sont évidemment bien plus considérables. La conception de l'échelle est d'ordre clinique. Comme l'écrit le sociologue Olivier Béraud-Martin, « lorsque Binet parle de mesure, il ne pense pas “quantification” mais “appréciation” et “diagnostic”[24] ».

Se développe l'idée que l'enfant puisse être affecté par une perturbation psychique qui ne soit pas de la déficience ou causée par elle. On sort peu à peu de la notion d'état pour se centrer sur celle de pathologie. Le partage est, bien entendu, discuté. Il marquera les débuts de la psychiatrie infantile entre les deux guerres qui concernera l'enfance anormale, mais aussi l'enfance coupable.

L'enfance délinquante : punir certes, mais protéger également

Les théories constitutionnalistes qui estiment que la folie est affaire d'hérédité et de dégénérescence dominent en psychiatrie à la fin du siècle. Ces deux catégories changeront de statut entre les deux guerres mondiales dans la mesure où elles ne seront plus considérées seulement comme un obstacle définitif à l'action sur les enfants, d'autant qu'à l'hérédité biologique s'ajoutera l'hérédité sociale qui apparaît comme plus modifiable. Le psychiatre de référence en la matière est Ernest Dupré (1862-1921) qui publie en 1912 *Les Perversions instinctives*. Celles-ci faisaient déjà l'objet d'une préoccupation psychiatrique. Car le pervers instinctif, c'est l'inamendable. Dupré établit une distinction entre le pervers et le perverti que le neuropsychiatre Georges Heuyer (1884-1977), qui avait été interne chez lui, reprendra dans sa clinique après la guerre. Le perverti est susceptible de correction morale. Heuyer regroupe sous une même catégorie d'anormalité enfants des asiles, des classes de perfectionnement et délinquants. Ils ont la même hérédité et les mêmes troubles du caractère[25].

L'enfant délinquant n'est plus seulement éventuellement amendable : il commence, comme l'enfant « arriéré », à devenir éducable.

Cette nouvelle appréhension se situe dans la période d'instauration de la République et d'une perspective plus individualiste sur l'enfant qui impose un nouveau découpage : « La loi de 1889 qui introduit la déchéance de la puissance paternelle opère un véritable renversement doctrinal : l'enfant menacé de correction paternelle peut être considéré comme victime et non plus comme coupable. La loi de 1898 sur les violences sur et par les enfants associe dans une même formule l'enfant victime et l'enfant coupable[26]. » La loi représente sans doute la première grande loi de protection de l'enfant parce qu'elle facilite la déchéance paternelle des « parents indignes », instaure la possibilité de supprimer le droit de garde (une des grandes innovations de la loi) et qu'elle permet au juge de placer les plus jeunes délinquants et ceux jugés amendables dans des institutions non pénales, situées hors de l'Administration pénitentiaire. Les sociétés de patronage privées, qui iront en se développant à partir de ce moment, et, en dernier recours, l'Assistance publique prennent en charge ces enfants – bien que cette dernière résiste fortement, craignant que les « vicieux » ne contaminent les « honnêtes ». Vers 1900, les sociétés de patronage apparaissent sur tout le territoire national. La loi est votée alors que se fait entendre une critique récurrente, depuis le début de la IIIe République, contre les institutions correctionnelles closes. La dimension éducative commence à se distinguer de la dimension correctionnelle. Moyennant quoi, les colonies se voient recueillir les cas les plus difficiles.

Ces lois sont votées dans un contexte où « les statistiques officielles et, surtout, leurs interprétations montrent une montée de la délinquance juvénile, la précocité des jeunes criminels et l'importance de la récidive[27] ». La question de cette montée deviendra, on le sait, un thème récurrent jusqu'à aujourd'hui.

La majorité pénale est portée de 16 à 18 ans par une loi de 1906. Entre 16 et 18 ans, le juge doit évaluer le discernement du jeune. Une loi de 1908 dépénalise la prostitution des mineurs. Le tribunal pour enfants et adolescents – en pratique, une audience spéciale du tribunal correctionnel – est instauré par la loi du 12 juillet 1912 spécifiquement pour les 13-18 ans : pour les 13-16 ans concernant les crimes et délits, pour les 16-18 les seuls délits. La loi instaure la liberté surveillée, qui permet d'éviter la prison, et un examen médico-psychologique pour les mineurs, ce qui va permettre l'introduction des psychiatres et de leur expertise. Elle supprime également le discernement en dessous de 13 ans. « Au final, pour les plus jeunes, la loi opte pour une solution qui s'inscrit dans un mouvement plus général de déplacement au civil d'affaires où le mineur est d'abord perçu comme une victime[28]. » Plus généralement, la question de son discernement se voit complétée par celle, essentielle pour la République, de son éducabilité, donc de son avenir.

Le principal initiateur de la loi, le député Ferdinand Dreyfus, déclare lors des débats préparatoires au vote à l'Assemblé nationale : « Il est dans l'intérêt de la société de stériliser le germe morbide révélé par le fait imputé à l'enfant, et il est de son devoir d'éveiller dans cette jeune conscience le sentiment de la responsabilité personnelle[29]. » Il ne s'agit plus seulement de corriger (fût-ce en extirpant la morbidité), mais plus encore, en associant conscience et responsabilité, de faire de chaque enfant, et non plus d'une partie d'entre eux, un citoyen.

Ces nouvelles distinctions dans la minorité se réfèrent à la notion de puberté, fondement de celle d'adolescence. Ce moment intermédiaire entre l'enfance et l'âge adulte, apparu au milieu du XIXe siècle, s'applique d'abord à la jeunesse des élites, celle qui poursuit des études au lycée. Avec la scolarité obligatoire jusqu'à 13 ans, elle s'étend à toute la jeunesse.

En 1923, est créé le Service social de l'enfance en danger moral pour permettre l'application des dispositions prévues par la loi de 1912. Il a pour mission de procéder à des enquêtes sociales, dans lesquelles le psychiatre intervient désormais, et familiales, de proposer au juge des solutions et d'exécuter certaines mesures de la loi. Dans l'enquête sociale, il est prévu, élément nouveau, un examen médico-psychologique. En 1929, un décret fait obligation au magistrat de connaître,

« bien plus que le fait matériel reproché au mineur, sa véritable personnalité, qui conditionne les mesures à prendre dans son intérêt ». La loi du 26 mars 1921 dépénalise le vagabondage des mineurs, un décret-loi du 30 octobre 1935 relatif à la protection des mineurs fugueurs et vagabonds instaure « l'assistance éducative », confiée à des institutions caritatives (les sociétés de patronage), et abroge définitivement la correction paternelle.

Les premiers services d'accueil, de triage et d'observation sont mis en place entre les deux guerres mondiales. En 1927, par décret du ministère de la Justice, les colonies correctionnelles et les colonies agricoles deviennent les « maisons d'éducation surveillée », puis dans les années 1930 les Institutions publiques de l'éducation surveillée (IPES), les surveillants étant requalifiés comme moniteurs. Mais les colonies restent sous la coupe de l'administration pénitentiaire, les moniteurs venant tous de cette direction du ministère de la Justice. En réalité, le changement de nomination ne change pas grand-chose aux pratiques qui restent correctionnelles.

Ces modestes transformations apparaissent alors que les colonies – les « bagnes d'enfants » – font l'objet d'une large campagne de dénonciation dans la presse. Jacques Prévert, dans *La Chasse à l'enfant*, fait référence à la mutinerie qui s'est déroulée en 1934 dans la colonie pénitentiaire de Belle-Île-en-Mer – « Bandit ! Voyou ! Voleur ! Chenapan ! ». La Mettray est fermée en 1937.

Vers une clinique de l'anormalité infantile

Une clinique de l'anormalité infantile se développe pour la délinquance. Dans son service, Georges Heuyer, neuropsychiatre qui joue un rôle majeur entre les deux guerres mondiales dans les premiers pas de la psychiatrie infantile, met en place un dispositif d'observation des jeunes délinquants. Il estime que la plupart d'entre eux souffrent d'arriération intellectuelle et de troubles du caractère – catégorie hétéroclite, mais qui veut souligner que l'acte du délinquant relève de la pathologie et du soin, plus que de la sanction morale qu'est la punition. D'autres expériences sont initiées dans les grandes villes françaises. Un service d'examen médico-psychologique est créé à la Petite Roquette pour les mineurs de justice, qui sera étendu à tous les mineurs du département de la Seine. En 1936, est instauré un Conseil supérieur de la prophylaxie criminelle, dont le psychiatre Édouard Toulouse (1865-1947) est l'un des vice-présidents. La prophylaxie désigne la prévention de la criminalité et des maladies mentales.

La période représente le début de l'institution de la psychiatrie infantile et du développement de la profession psychiatrique. Entre les deux guerres, les aliénistes deviennent les psychiatres[30]. Des services ouverts ou libres se créent. Ils amènent une nouvelle clientèle aux appellations multiples – « névropathe », « psychasthéniques », etc. – ne nécessitant pas une prise en charge asilaire. Au cours de cette période, on assiste à un recul de l'héréditarisme en psychiatrie et, corrélativement, à un accent porté sur le milieu, particulièrement familial. Médecins et hommes politiques sont par ailleurs inquiets de l'augmentation des problèmes, attribués souvent aux excès de la vie moderne, mais aussi à ses exigences intellectuelles plus élevées qui soumettent les arriérés à des contraintes insupportables eu égard à leurs faibles capacités d'attention, etc.

La deuxième figure majeure de la psychiatrie infantile naissante avec Heuyer est Édouard Toulouse[31].

Avec Toulouse[32], deux événements importants symbolisent les tout débuts de la psychiatrie infantile : il obtient l'ouverture d'un service de consultation libre à Sainte-Anne en 1922 (l'hôpital Henri-Rousselle) ; il crée la Ligue d'hygiène et de prophylaxie mentale en 1921 pour promouvoir l'hygiène mentale par le dépistage et l'ouverture de consultations libres. Il s'agit d'intervenir le plus tôt possible sur les enfants arriérés et anormaux – il publie *La Prophylaxie mentale* en 1932. Heuyer ouvre une consultation pour les enfants au Patronage Rollet (association dédiée à l'enfance coupable créée par le juge du même nom) dans les années 1920. Toulouse et Heuyer s'appuient sur le modèle de la dégénérescence, c'est-à-dire de l'aggravation, mais considérée de manière non fixiste (ou la ralentir ou la stopper), d'où la place majeure accordée à la prophylaxie mentale. Toulouse compare la maladie mentale à la tuberculose : préoccupation majeure de l'hygiène publique de l'époque, elle est transmissible comme elle, c'est pourquoi il faut intervenir le plus tôt possible. Globalement, les psychiatres considèrent que ces maladies relèvent d'une hérédité biologique et sociale chargée. Les deux se mélangent pour Heuyer comme pour la plupart des neuropsychiatres. C'est la raison pour laquelle il faut agir au plus tôt pour les réduire autant que faire se peut. Le dépistage précoce de tendances constitutionnelles doit également permettre de prévoir la dangerosité future de l'enfant.

Tout cela fait l'objet d'une forte médiatisation de la part de Toulouse (journaux, radios, conférences) et du petit groupe de neuropsychiatres, dont la principale figure est Heuyer, qui publient de nombreux articles dans une presse professionnelle abondante en titres. Toulouse devient conseiller du ministre de la Santé publique sous le Front populaire – le ministère de la Santé avait été créé en 1920. Des sociétés savantes apparaissent. Les psychiatres ne sont plus cantonnés au modèle asilaire. Ils promeuvent l'hygiène mentale, c'est-à-dire l'intervention dans des dispositifs au sein de la société, et la prévention des maladies mentales. Heuyer, qui a passé un mois aux États-Unis en 1930, a été impressionné par les *Child Guidance Clinics* et l'importance de l'hygiène mentale[33].

C'est dans la consultation d'Heuyer que l'une des toutes premières psychanalystes françaises, Sophie Morgenstern, intervient. Elle publie chez Denoël en 1937 *Psychanalyse infantile. Symbolisme et valeur clinique des créations imaginatives chez l'enfant*, préfacé par Heuyer. On considère qu'elle a introduit la psychanalyse d'enfant en France. Elle avait publié en 1927 « Un cas de mutisme psychogène », qu'elle avait traité par l'emploi du dessin libre, dans la *Revue française de psychanalyse*, créée en 1926, en même temps que la Société psychanalytique de Paris. La toute jeune Françoise Marette, future Dolto, fait un stage avec elle qui la formera à l'analyse du dessin d'enfant. « Cet article, écrit l'historienne Annick Ohayon, prendra rétrospectivement le statut de texte fondateur de la psychanalyse de l'enfant en France[34]. » Le numéro 2 de la *Revue française de psychanalyse* en 1928 est consacré à l'application de la psychanalyse à l'éducation. Marie Bonaparte fait un rapport au Ve Congrès des psychanalystes de langue française, premier texte à prendre position en faveur d'une éducation psychanalytique. Une éphémère *Revue de pédagogie psychanalytique* cesse de paraître en 1937. À part René Laforgue et Marie Bonaparte, on constate peu d'intérêt dans le tout petit monde des psychanalystes pour le sujet. « Après la Seconde Guerre mondiale, ce sont précisément les élèves de René Laforgue, André Berge, Juliette Boutonier, Françoise Dolto, qui vont institutionnaliser la psychopédagogie psychanalytique[35]. » L'audience de la psychanalyse est pour le moment négligeable. Au XIe congrès de psychologie seuls trois psychanalystes interviennent. Au premier congrès international de psychiatrie infantile organisé par Heuyer, qui se déroule en même temps à Paris, il y en aura deux[36].

Entre les deux guerres, de nombreuses consultations médico-psychologiques sont mises en place. Il y en a au moins treize dans Paris et sa proche banlieue, dont celle d'Heuyer au patronage de l'enfance à Paris[37]. Elles visent tout particulièrement à dépister les « anormaux de l'école ». Dans le reste de la France, ces consultations s'appuient sur l'existence des centres d'hygiène sociale.

Une double modification de la situation des enfants à problèmes apparaît : « En transposant une partie de leurs activités hors des murs de l'asile et en proposant un dépistage systématique des anormaux de l'école quelle que soit la gravité de leur trouble, ce groupe de médecins contribue à généraliser l'intervention psychiatrique et la prise en charge médicale de ces enfants. Tout en revendiquant un accueil diversifié, des solutions moins enfermantes et un traitement médico-pédagogique approprié [...], ils participent aussi paradoxalement à intensifier l'internement des enfants anormaux tout en révélant leur omniprésence qui aurait été jusqu'alors insoupçonnée dans les écoles primaires[38]. » Le retrait de la vie sociale reste le principal type de solution adopté. Des instituts médico-pédagogiques sont créés au sein d'institutions hospitalières : les enfants sont appréhendés sous l'étiquette « maladie », à la différence de ceux des classes de perfectionnement qui représente une autre ligne d'intervention, mais complémentaire.

Entre le Front populaire et Vichy s'amorcent des transformations qui seront largement développées dans l'après-guerre.

Le Front populaire met en place des politiques de protection de l'enfance et d'hygiène mentale : une commission de l'enfance déficiente et en danger (dont Heuyer fait partie) est constituée par le ministère de la Santé publique (l'adjectif, nouveau, marquant la préoccupation pour l'hygiène sociale) sous la présidence d'Henri Wallon. Un projet de loi sera abandonné avec la fin du Front populaire. Un sous-secrétariat d'État à la protection de l'enfance est créé au ministère.

Le premier colloque international de psychiatrie infantile est organisé par Georges Heuyer en 1937 dans le cadre de l'exposition internationale qui se déroule à Paris. Il est placé sous le haut patronage, notamment, du président de la République. L'enjeu ? « Donner de l'écho aux projets des promoteurs des services libres, de l'hygiène mentale et de la constitution d'un faisceau d'institutions spécialisées (œuvres de rééducation, instituts médico-pédagogiques, écoles de perfectionnement), et, au-delà, d'attirer vers la psychiatrie une clientèle qui échappait jusque-là à son influence, à commencer par les enfants dits "anormaux"[39]. » L'hygiène mentale fait l'objet d'un premier congrès en 1930 à Washington, puis d'un second à Paris en 1937. Là aussi, on traite de la prévention. L'enjeu des modernisateurs dans les années 1930, ce sont notamment les services libres et, pour l'enfant, des consultations dans les hôpitaux d'enfants. L'observation devient une pratique fondamentale.

« Le problème de l'enfance déficiente reste le même depuis de nombreuses années. Il a été exposé maintes fois sans que le moindre effort ait été fait pour tenter de lui donner une solution efficace », écrit Heuyer en 1939[40].

Au regard de ce constat négatif sur l'action entreprise et au moment où le régime de Vichy va intervenir sur ces enfants aux qualificatifs divers, il faut avoir à l'esprit cette remarque de l'historien Christian Rossignol : « Ces enfants ne constituent pas un ensemble définissable susceptible d'être désigné par un terme unique pouvant induire l'idée qu'ils ont entre eux quelque chose de commun. Et il n'existe pas non plus un "secteur professionnel" tel que nous le concevons aujourd'hui, appelé à prendre en charge un problème ainsi globalisé[41]. » Mais on les retire de la vie sociale parce qu'ils sont dangereux pour elle et parce qu'elle est dangereuse pour eux.

De l'enfance déficiente à l'enfance inadaptée ou l'individualisation du mineur

La loi du 27 juillet 1942 réforme celle de 1912 sur les tribunaux pour enfants. Elle supprime – moment décisif – le critère du discernement. La motivation principale tient au fait que les tribunaux pour enfants déclaraient la plupart du temps ceux-ci non discernants afin que puissent leur être appliquées des mesures éducatives[42]. Pour les 13 à 18 ans, elle supprime la possibilité pour le juge d'instruction de mettre le mineur en maison d'arrêt en attendant le procès. Le prévenu doit passer désormais devant un tribunal civil avant, éventuellement, d'être déféré au tribunal pour enfants et adolescents. La question principale de la loi est : le jeune est-il amendable ? Des « centres d'observation » attenants à chaque tribunal sont créés. La loi « instaure, écrit l'historien Christian Sanchez, ce qui se pratique depuis plusieurs années en Europe, l'individualisation de l'action éducative reposant sur l'observation du mineur[43] ». Elle ne fut pas appliquée par le gouvernement Laval nommé au début de l'année.

Néanmoins, dans la période du « redressement moral » et de la « Révolution nationale », Pierre Laval met en place en 1943, sous sa direction et le patronage du ministère de la Santé et de la Famille, le Conseil technique de l'enfance déficiente et en danger moral. Georges Heuyer est nommé président ; les médecins, essentiellement des neuropsychiatres, composent la majorité du Conseil. Celui-ci est amené à choisir un terme générique : enfance irrégulière ou inadaptée. « Cette nouvelle catégorie d'usage du terme "inadapté" constitue à ce moment une métaphore active et un euphémisme ; le terme est alors directement référé à la théorie biologique de l'évolution des espèces de Darwin[44]. » Les travaux du Conseil conduisent à instaurer le terme « inadapté » et à proposer une nomenclature des personnels de la « rééducation ». Le terme « inadapté » est lié au souhait de mettre en place une nomenclature générale permettant en pratique de trier les enfants qui inquiètent. Le terme rassemble sous Vichy « les récupérables, les semi-récupérables et les non-récupérables », comme le déclare le psychiatre Daniel Lagache (1903-1972)[45] dans un exposé au Conseil. Lagache, qui obtiendra la première chaire de psychologie clinique à la Sorbonne en 1947 et contribuera également à la diffusion de la psychanalyse, promeut l'application d'une telle psychologie, une psychologie nouvelle. Lagache « apporte la contribution la plus décisive[46] » à cette institution. Conseiller-guérir-éduquer caractérisent, selon lui, le rôle du clinicien[47]. Les travaux de cette commission mettent en avant l'idée d'adaptabilité, l'inadaptation se déclinant selon les situations (scolaire, professionnelle, familiale). Ils furent interrompus par la libération de Paris en août 1944.

*

Pour résumer, cette période de genèse de l'enfant-individu voit une progressive spécification de l'enfance, et sa caractérisation par son potentiel d'avenir. La subordination à la préservation de l'ordre social diminue jusqu'à ébranler la déficience. On peut décrire à gros traits l'approche de l'enfance qui inquiète de la manière suivante : il s'agit de corriger la volonté par des régulations formalisées, l'anormalité et l'indiscipline ayant tendance à se recouper, des colonies pénitentiaires du milieu du XIXe siècle aux maisons d'éducation surveillée de l'entre-deux-guerres. On assiste à une amorce de reconfiguration avec la démocratisation de la société sous la IIIe République, mais aussi avec le régime de Vichy dont il ne faut pas oublier le caractère modernisateur et l'importance accordée à la jeunesse pour le redressement de la nation. Cette approche s'est diffusée dans le contexte d'une vision évolutionniste et du temps moderne orienté vers le futur. Simultanément, elle a mis en avant la possibilité d'agir sur le potentiel d'avenir dans une représentation de l'enfant immature traversant des étapes successives comblant progressivement ses manques jusqu'à ce qu'il atteigne la norme de l'adulte achevé, c'est-à-dire la maturité.

Dans cette conception du progrès individuel, le couple immaturité/maturité est central. Dans l'ensemble, les pratiques de cette société aux fortes distances hiérarchiques restent très formalisées. C'est ce qui va changer avec la lente horizontalisation de la société française à partir de l'après Seconde Guerre mondiale.

CHAPITRE 3

L'enfant-individu expressif : une première inflexion individualiste

« Il n'y a pas d'enfant normal, ou définitivement normal ; il est menacé et fragile. Il n'y a pas d'enfant absolument inadaptable. »

Georges HEUYER[1].

L'enfant-individu expressif désigne la découverte progressive par la société que c'est un enfant qui *souffre*, que cela se voit dans ses *symptômes*, et que sa *personnalité* doit être explorée. De quoi souffre-t-il ? La réponse est donnée en 1950 par le psychiatre psychanalyste britannique John Bowlby (1907-1997) dans un rapport pour l'Organisation mondiale de la santé (OMS) sur les soins maternels : « Le trouble majeur des sujets atteints de maladies mentales [...] est leur inaptitude à créer, puis à entretenir avec autrui des liens de coopération amicale et confiante[2]. »

Dans la hiérarchie des valeurs, l'indiscipline et l'anormalité sont progressivement marginalisées – et les qualificatifs péjoratifs peu à peu délaissés. Un nouvel esprit de l'intervention se met progressivement en place à partir de l'après-guerre.

Il se réfère de plus en plus à des pratiques informalisées tandis que les relations sociales s'horizontalisent dans le cadre de nouvelles représentations collectives centrées sur l'autonomie individuelle : c'est la modernisation de la société française qui sera décrite plus loin. Comme nous allons le voir, ces pratiques ébranlent, sans y mettre fin, les régulations disciplinaires, du moins avant les années 1970.

Wallon avait déjà critiqué Piaget et ses stades avant la guerre, le premier étant caractérisé par un état autistique, les relations venant progressivement au cours des stades suivants qui marquent l'évolution intellectuelle de l'enfant. Il est un être totalement orienté vers la société, un être relationnel. Dans la perspective de Piaget, il fallait accrocher le bébé à la société (puisque sa nature est autistique). Dans celle de Wallon, on découvre qu'il est naturellement un être social, car il a des émotions qui le tournent vers la société. Comme les émotions du bébé s'expriment, il faut un langage commun. Ce sera la psychanalyse.

À l'opposé du couple maturité/immaturité, cette nouvelle représentation implique que l'enfant conditionne le devenir de l'adulte. Cette relation à l'avenir passe au centre des préoccupations. D'où l'axiome que le bébé est une personne.

De l'après-guerre aux années 1970 décline progressivement, puis disparaît l'idée que l'enfant est un individu déficient, un être caractérisé par ses manques vis-à-vis de la norme de l'adulte achevé, passant par des stades qui s'enchaînent pour arriver à la maturité, en progressant du simple au complexe. Cet individu déficient laisse la place à un individu expressif qui est moins indiscipliné ou anormal que fragile et vulnérable. La citation de Georges Heuyer en 1953 montre que le ton a manifestement changé par rapport à l'avant-guerre. Ce dernier souligne le fait, qui va peu à peu s'imposer, que tout enfant est susceptible de retrouver « avec autrui des liens de coopération amicale et confiante ». Il faudra, dans une large mesure, lui faire renouer ces liens en l'accompagnant dans la vie sociale. L'enfant, et non le professionnel, va progressivement devenir l'agent principal de son propre changement. Cela implique qu'il soit doté d'un potentiel, et pas seulement d'une pathologie, d'une déviance ou d'une déficience, sur laquelle l'intervention va aussi jouer. L'*inflexion individualiste* consiste à spécifier totalement l'enfant par rapport à l'adulte dans l'esprit de la prise en charge.

La spécificité de l'enfant-individu expressif est qu'il est conçu, contrairement à l'adulte, comme un *être en remaniement constant*, au devenir idéalement ouvert vers un possible qui s'élargira et se diversifiera dans la seconde moitié du XXe siècle, mais aussi vers l'inconnu et ses incertitudes. L'exploration de sa personnalité est intimement liée à cette représentation collective qui se diffuse à partir des années 1950 et surtout 1960, et devient dominante au cours des années 1970, avec les débuts de l'horizontalisation de la société française et de l'informalisation accompagnant les nouveaux métiers de la relation qui se substituent à ceux de la surveillance : psychologues, psychanalystes, pédopsychiatres, éducateurs et éducatrices spécialisé(e)s, autres travailleurs sociaux.

Le grand déplacement qui caractérise la période est le passage de la correction de la volonté déficiente à la protection de la personnalité en développement. On assiste au déclin du « modèle tutélaire » au profit de la lente ascension du modèle de l'informalisation porté par la psychanalyse.

De la figure de l'enfant-individu déficient à celle de l'individu-expressif, cette première inflexion correspond à l'ascension des idéaux d'autonomie.

Le nouvel esprit de l'intervention se caractérise par trois traits concernant l'enfant : la prise en compte de la singularité de la situation et de l'individu, une attention nouvelle à l'affectivité, des pratiques d'écoute. Ils se mettent en place dans les procédures de tri, d'observation et de soins, particulièrement avec les psychothérapies. Sur le plan de l'organisation, l'innovation représentée par le travail d'équipe permet de considérer l'ensemble des problèmes de l'enfant : c'est l'approche globale. Le but est de protéger un individu en remaniement constant dont l'avenir devient de plus en plus ouvert avec la modernisation de la société française et l'émancipation des mœurs au tournant des années 1960-1970.

Après avoir tracé les grandes lignes de cette modernisation, nous nous centrerons sur les pratiques de l'enfant-individu expressif qui se sont progressivement instituées avec, d'une part, l'horizontalisation des relations, caractérisée par la réduction des distances entre classes sociales, sexes et générations et, d'autre part, l'informalisation des régulations comportementales, autrement dit, des formes plus souples que celles de la discipline composées de pratiques d'écoute et soucieuses de l'affectivité des enfants.

Du côté de la psychopathologie, on assiste au développement de services de pédopsychiatrie dans les hôpitaux et de la profession de pédopsychiatre, à la création d'une offre ambulatoire avec les Centres médico-psycho-pédagogiques (CMPP), puis les Centres médico-psychologiques (CMP) qui reçoivent adultes et enfants pour les troubles psychologiques et les difficultés scolaires. La création des intersecteurs de psychiatrie infantile par une circulaire de 1972 couronne le mouvement d'institution de la pédopsychiatrie en fondant administrativement une aire géographique fonctionnelle disposant des services de proximité que l'on vient de mentionner.

Du côté de la délinquance, la création de la direction de l'Éducation surveillée en 1945, totalement séparée de l'administration pénitentiaire et relevant du ministère de la Justice, ainsi que l'abolition de la question du discernement au profit de la protection du mineur quel que soit son âge montrent un tournant dans l'action publique.

Ces deux axes se développent surtout à partir des années 1960. Les pratiques qui entrent progressivement en usage sont cristallisées par la diffusion de la psychanalyse qui représente la référence intellectuelle principale et fournit son jeu de langage à ce nouvel esprit informalisé de l'intervention : une psychanalyse qui apparaît dans le cadre d'une approche globale de l'enfant impliquant une équipe pluridisciplinaire. Voilà ce qui caractérise l'inflexion individualiste.

La progressive sortie d'une morale du devoir

Jusqu'aux années 1950, la France reste une société de classes séparées (bourgeoisie, classe ouvrière, paysannerie) possédant chacune son mode de vie et sa culture, dans laquelle il y a très peu de mobilité sociale. Les distances sociales sont encore fortes. De fait, le fonctionnement de la société restait holiste, marqué par l'imprégnation d'une culture aristocratique et l'attachement aux rangs sociaux dans la bourgeoisie : « La hiérarchie sociale, écrit l'historien américain Stanley Hoffmann en 1976 sur la France du début des années cinquante, [...] restait plus traditionnelle que fonctionnelle, et la famille gardait une importance presque suffocante à chaque niveau de la hiérarchie[3]. » C'est ce qui va changer à partir des années 1960.

La croissance économique, le développement de la protection sociale, les changements du système éducatif (la fin de la séparation entre le primaire et le secondaire permet, formellement du moins, aux enfants des classes populaires de poursuivre leur scolarité jusqu'à 16 ans), les politiques du logement, avec l'amélioration du confort domestique, et d'équipement collectif font entrer la société française dans sa grande transformation : au monde des notables et des paysans, de l'immobilité des destins de classe, succède celui de la mobilité sociale et de la consommation de masse. Le progrès des conditions matérielles de vie fait du bien-être non plus une aspiration lointaine, mais une réalité potentiellement accessible aux classes populaires.

La mobilité s'amorce à partir des années 1950 et s'accentue au cours des années 1960. Les classes moyennes salariées, constituées dès les années 1920 aux États-Unis, se développent en France dans les années 1960 avec la généralisation du salariat et l'augmentation du nombre de cadres et de techniciens pour former une « constellation centrale[4] ». Les cadres en représentent le noyau central. Cette constellation se caractérise par la mobilité qui devient un processus normal et imprègne une représentation de la vie sociale marquée par le mouvement et le progrès. Un autre segment de cette constellation est représenté par les enseignants, les techniciens et les personnels des services médico-sociaux. « Les individus en mobilité, écrit le sociologue Henri Mendras en 1988, ne sont plus des exceptions, mais au contraire apparaissent comme "normaux", dans la vie sociale. La carrière est devenue une caractéristique essentielle des professions moyennes dans lesquelles normalement on monte en grade, en dignité et en revenu à mesure que l'on avance en âge[5]. » Nous assistons donc au moment où le désir « d'être mieux que sa provenance », noté par Freud au début du siècle (voir chapitre 1), devient une réalité sensible.

Une série d'enquêtes sur la modernisation de la France se déroule au début des années 1960 sous la houlette du CNRS.

L'une d'entre elles, dirigée par le sociologue Edgar Morin, porte sur un village breton de la pointe du Raz. Plozévet est saisi, comme toute la société française, par la grande transformation. Morin note quelque chose de tout à fait nouveau : « Le terrain psychique était devenu réceptif[6]. »

« S'il est une idée neuve en France, écrit de son côté l'historien Antoine Prost sur les années 1960, c'est bien que les individus ont le droit de mener une vie privée comme ils l'entendent[7]. » Le *choix personnel* commence à constituer une alternative au destin collectif de relégation, au moins pour les fractions les plus qualifiées de la classe ouvrière : hédonisme naissant dans des foyers plus confortables et possibilités d'entreprendre une trajectoire ascendante ouvrent l'horizon. L'abondance qui s'annonce et le progrès qui semble illimité sont les signes qu'un droit au bonheur pour tous apparaît une possibilité réelle. Edgar Morin se fait le héraut de la nouvelle sensibilité avec son *Esprit du temps* publié en 1962 : « Le nouveau modèle, c'est l'homme à la recherche de la réalisation de soi à travers l'amour, le bien-être, la vie privée. » Il souligne que « la promotion de la vie privée correspond à un nouveau degré de l'individualisation de l'existence humaine visant l'autoréalisation[8] ».

Dans le cadre de cette modernisation des mœurs se développent les mouvements de libération sexuelle et les mouvements féministes qui modifient les rapports hommes-femmes dans un sens égalitaire, autrement dit, d'une horizontalisation de leurs relations. On entre dans une civilisation des mœurs.

1965 est, pour Henri Mendras, une année charnière, à partir de laquelle un individualisme hédoniste caractérise une attitude commune dans la société française. L'idéal d'autonomie individuelle – la liberté accrue de choisir sa vie – devient une aspiration collective.

Dans la foulée d'une amélioration considérable des conditions matérielles, se produisent simultanément un désenclavement social des pauvres et une conscience de soi nouvelle, dont les magazines et les ouvrages de psychologie populaire formulent le langage. L'attention aux problèmes personnels se modifie au cours de cette période.

La modernisation des mœurs cristallisée dans le langage de la psychanalyse

À partir des années 1960, les médias, surtout féminins, encouragent une attention à la vie intime dont la psychanalyse fournit les codes. Celle-ci connaît une expansion rapide, suivie de nouvelles thérapies visant le bien-être et l'expression de soi au cours des années 1970. Or les questions du choix individuel et de la propriété de soi entrent dans le champ politique au cours de cette décennie (droit à l'avortement, criminalisation du viol ou divorce par consentement mutuel). L'idée d'épanouissement de soi prend une valeur politique et confère une place inédite à la subjectivité individuelle dans l'imaginaire collectif : elle devient une réalité commune et les acteurs font de plus en plus appel à elle pour justifier leurs actions.

Mendras note les transformations de l'école : « L'éducation à la française, aussi bien scolaire que familiale, était une école de maintien. [...] Cette insistance sur la discipline, la contrainte physique et le silence, à l'école et à table, s'est rapidement relâchée depuis vingt ans[9] », c'est-à-dire depuis la fin de la guerre.

On commence à sortir d'une pédagogie faisant référence au devoir et à divers impératifs moraux marqués par des régulations formalisées. On le voit à travers la réduction des distances entre les classes, les sexes et les générations concomitante à l'ascension des idéaux d'autonomie individuelle. Les régulations institutionnelles, particulièrement dans l'éducation des enfants, commencent à prendre un tour plus informel. Ainsi, les célèbres livres du pédiatre Benjamin Spock, *Comment soigner et éduquer son enfant*, paru aux États-Unis en 1946 et en 1952 en France, et de Laurence Pernoud, *J'attends un enfant* (1956) et *J'élève un enfant* (1965) affirment nettement un souci pour des pratiques et des relations plus souples et plus affectives entre parents et enfants. Plus généralement, l'attention aux problèmes personnels se modifie au cours de cette période. La psychanalyse acquiert une telle légitimité, durant cette décennie, qu'une sociologue américaine, Sherry Turkle, publie en 1978 un ouvrage traduit en français sous le titre *La France freudienne* (1982).

Dans un essai sur le mouvement de Mai 68 paru la même année, le sociologue Alain Touraine résume ainsi son analyse : « Le grand mot d'ordre des technocrates qui dirigent la société est : adaptez-vous. Le mouvement de mai a répondu : exprime-toi[10]. » La psychanalyse va cristalliser cette nouvelle aspiration collective.

Au cours des années 1970, toutes les classes d'âge montrent un intérêt accru pour la psychanalyse, surtout les lycéens qui, depuis peu, étudient Freud au cours de philosophie en terminale. Cinquante collections sont consacrées à la psychanalyse dans l'édition, Lacan fait deux leçons à la télévision en 1973 (qui sont publiées par les éditions du Seuil sous le titre *Télévision*). Sherry Turkle résume ainsi la situation de la psychanalyse : « Légitimée par l'université, jouissant dans les médias d'une image flatteuse, la psychanalyse apparaît aux yeux du public français comme une discipline littéraire, pédagogique ou même politique. Qu'on le montre au travail avec des enfants normaux ou philosophant dans la solitude de son bureau, le psychanalyste apparaît comme un personnage rassurant, à l'écoute des soucis et des problèmes quotidiens dont il est un spécialiste[11]. » Échec scolaire ou difficultés conjugales passent par son expertise[12]. Les Français semblent convertis à la psychanalyse.

Une nouvelle culture à la fois du bonheur et de l'action se diffuse dans l'Hexagone au moment où se produit une valorisation nouvelle de la vie privée. Un bonheur qui ne consiste plus à accepter son destin en puisant dans les almanachs populaires les recettes pour s'y adapter, mais à se construire une histoire ouverte sur l'avenir en apprenant à communiquer avec ses enfants, son conjoint et, plus largement, avec n'importe qui dans toutes les situations de la vie.

Au cours de cette période, s'amorcent des changements dans l'état d'esprit des institutions et dans les modes d'intervention concernant l'enfance en difficulté.

Les disciplines de l'informalisation : pédopsychiatrie, psychologie, psychanalyse, travail social

Dans l'après-guerre, le souci majeur est celui de la séparation parents-enfants (la guerre a multiplié ce type de situations) et de la dyade mère-enfant.

Voilà comment, vers 1950, la psychologue Geneviève Appell décrit les enfants pris en charge dans le service de pédopsychiatrie de l'hôpital Ambroise-Paré dirigé par la psychanalyste Jenny Aubry : « Leur état n'est jamais bon. Les uns sont en pleine souffrance d'une séparation récente, non préparée, d'avec leur famille et vivent un premier "transfert" auquel nul ne prête attention. À l'époque, personne ne pense aux conséquences possibles de telles pratiques. Leur souffrance s'exprime par des troubles somatiques, des comportements variés, non identifiés comme signes de détresse. D'autres, dès leur arrivée, présentent de grandes arriérations, des états catatoniques, des stéréotypies, toute une série de symptômes particuliers, sans troubles organiques décelables. Comme on ignore les effets de la carence de soins maternels, leur état est mis sur le compte de "tares" dues à leur milieu d'origine défavorisé, à leurs parents alcooliques, syphilitiques, malades mentaux... Les plus atteints sont jugés irrécupérables. Dans ce contexte, il n'existe aucune considération à l'égard des parents, ils sont surtout objets de critiques et/ou ignorés[13]. »

Les psychanalystes britanniques sont un modèle pour les premiers centres français. Dès les années 1930, Melanie Klein (1882-1960) et John Bowlby avaient mis en avant l'importance de l'« attachement précoce » mère-enfant. Anna Freud (1895-1982) avait, quant à elle, créé un centre pour enfants isolés au début des années 1940. En France, en 1952, Jenny Aubry et Myriam David (également psychanalyste) publient *Peut-on atténuer les effets nocifs de la séparation chez des enfants placés en institution ?*[14]. Le placement en institution est la règle quand il y a des problèmes, et les enfants sont en général dans l'état décrit par Geneviève Appell.

Le Centre international de l'enfance, dirigé par le Pr Robert Debré, finance en 1949 une recherche confiée à John Bowlby, directeur du département de Guidance infantile à la Tavistock Clinic de Londres, et à Jenny Aubry sur « Les effets de la séparation et de la stabulation hospitalière chez les jeunes enfants ». Dans son rapport déjà cité, *Soins maternels et santé mentale*, Bowlby souligne le rôle de la psychanalyse et de la guidance infantile pour la compréhension de l'importance des soins maternels dans la petite enfance : le lien affectif avec la mère est primordial. Quant au père, son importance « sera admise en tant que soutien économique et affectif de la mère ».

Cette citation résume l'esprit du rapport : « Il est maintenant clairement démontré que les soins maternels donnés au nourrisson, puis dans la première enfance, jouent un rôle essentiel dans le développement harmonieux de la santé mentale. La portée de cette découverte est comparable à celle des vitamines dans la santé physique : elle est d'une importance considérable en ce qui concerne les programmes d'hygiène mentale préventive[15]. » Cette « découverte » doit être le fondement de mesures sociales à prendre par les pouvoirs publics. Il est par ailleurs décisif de mieux connaître les psychopathologies entraînées par les dysfonctionnements de la dyade mère-enfant car, écrit Bowlby, « nous sommes loin d'avoir éclairci les principes directeurs du métabolisme psychique[16] ». Les travaux de psychologie expérimentale, incluant des mesures physiologiques, sont fortement encouragés. Le souci de la séparation conduit à l'idée qu'il faut s'occuper des familles, alors que l'on a encore trop tendance à les séparer des enfants, d'autant plus qu'elles ont elles-mêmes tendance à demander le placement qui leur semble une solution naturelle. « Si une société s'intéresse à ses enfants, elle doit prendre soin de leurs parents[17]. » Les parents négligents ont été des enfants négligés, affirme le rapport.

L'enfant à problèmes souffre de « maladie mentale », ce qui veut dire que le trouble majeur qui l'affecte est son « inaptitude à créer, puis à entretenir avec autrui des liens de coopération amicale et confiante[18] ». Le développement de cette aptitude est corrélé aux liens affectifs de la petite enfance.

Les placements sans accompagnement thérapeutique permettant de compenser l'absence de liens avec la mère sont condamnés à partir des années 1950 en même temps que l'on commence à prendre en compte la situation sociale de la famille au lieu de la condamner systématiquement – il semble que les familles monoparentales représentent une partie importante de la clientèle. Le corps des assistantes sociales se développe pour examiner cette situation. Des pédopsychiatres sont consultés ou interviennent également pour le placement.

C'est dans ce contexte que les pédopsychiatres, justement, se constituent en tant que groupe professionnel au cours de cette décennie. Ils sont désormais moins préoccupés de dépister et de trier que de soigner.

La naissance de la pédopsychiatrie

La première chaire de neuropsychiatrie est attribuée à Georges Heuyer, à Paris, en 1948. Son service est rattaché depuis 1940 à l'hôpital des Enfants malades – dans des locaux très petits.

La clientèle du service d'Heuyer dans les années 1950 s'étend au-delà des jeunes délinquants vers des profils diversifiés. Le service reçoit des enfants aux problèmes psychopathologiques les plus divers. Les demandes des familles s'accroissent fortement. Les garçons sont nettement plus nombreux que les filles. Les familles se plaignent de comportements agressifs et violents chez les premiers alors que les secondes souffrent de troubles moins visibles, comme l'inhibition. Les situations sociale et familiale, souvent difficiles, sont désormais prises en compte dans le diagnostic et l'intervention[19].

Georges Heuyer est le premier à mettre en place un travail d'équipe pluridisciplinaire pour appréhender concrètement le caractère global de la prise en charge, ce qui a pour conséquence « que les différents champs de prise en charge de l'enfance inadaptée, auparavant dispersés, se trouvent désormais réunis au sein d'un même établissement, ce qui facilite les démarches des familles[20] ». Le service se caractérise par l'emploi nouveau de la psychanalyse et de la psychologie. Serge Lebovici, René Diatkine, Cyrille Koupernik ou Pierre Mâle, qui deviendront les principales références de la pédopsychiatrie psychanalytique, travaillent dans le service d'Heuyer dès la création de la chaire. Ils développent des méthodes nouvelles comme le dessin ou le psychodrame individuel. Ils prennent en charge les psychothérapies. Le psychiatre d'enfants, à partir des années 1950, sera aussi psychanalyste[21]. L'historien de la psychiatrie Jean-Christophe Coffin résume la situation de la psychanalyse dans la pédopsychiatrie : « La psychanalyse joue un rôle important dans la construction de l'identité du psychiatre d'enfant car elle atteste de l'ouverture d'esprit du praticien et traduit une orientation enfin nouvelle[22]. »

Des écoles de formation sont ouvertes. La première, à Paris, est dirigée par la psychanalyste Juliette Favez-Boutonier, ancienne élève de Lagache.

Marie Bienne présente ainsi la clientèle d'Heuyer dans les années 1950 : « Les motifs de consultation sont extrêmement variés. Il est difficile de les quantifier. Les enfants colériques, nerveux, anxieux y sont reçus au même titre que les enfants souffrant de retard mental plus ou moins profond. Ceux atteints de troubles de la parole ou de l'audition nécessitant une rééducation orthophonique côtoient ceux en situation de prédélinquance. Nombre de dossiers révèlent des situations sociales difficiles, nécessitant l'intervention des assistantes sociales en vue d'un placement éventuel[23]. » Les familles d'origine modeste sont les principales fournisseuses. Les dossiers médicaux décrivent une « éducation des enfants [...] souvent déléguée à différents membres de la famille (généralement aux grands-parents) ou à diverses institutions. Nombre d'entre eux sont placés dès leur plus jeune âge en nourrice, puis en pension : 17 % des enfants de la consultation n'ont connu que la vie en internat, de l'école primaire au lycée[24] ». La situation affective de ces enfants montre évidemment des carences relationnelles massives. Un suivi ambulatoire, comprenant une psychothérapie, est proposé dans un tiers des cas.

L'hospitalisation reste dominante et, contrairement à ce qui est décrété pour l'adulte par une circulaire du 15 mars 1960 instaurant les secteurs psychiatriques, la proximité des lieux de soins et des lieux de vie n'est pas évoquée dans les circulaires concernant les enfants. Elle le sera avec la circulaire créant les intersecteurs de psychiatrie infanto-juvénile en 1972. Sur le plan politico-administratif, cette circulaire rend obligatoire l'offre de soins ambulatoires médico-sociale, douze ans après celle du 15 mars 1960 qui sectorisait la psychiatrie adulte. Le principe de ces deux circulaires est la proximité de l'offre de soins qui ne peut se réduire à l'hôpital psychiatrique. La circulaire de 1972 prévoit l'articulation entre tous les secteurs s'occupant d'enfance : la santé, l'éducation, la protection maternelle et infantile (la PMI), l'action sociale. Si la circulaire a suscité toutes sortes de critiques, elle reste « le projet fondateur de la profession[25] ». Le diplôme universitaire de pédopsychiatre est créé en 1973.

Néanmoins, dans la foulée de la circulaire de 1960, les débats qui se sont succédé de 1965 à 1967 organisés par la Société de l'évolution psychiatrique sur *Le Livre blanc de la psychiatrie* voient quelques interventions de pédopsychiatres, d'orientation psychanalytique, dont Roger Misès (1924-2012) qui rédigera la circulaire de 1972.

Dès la fin des années 1950, quelques initiatives sont prises, qui vont représenter les premiers modèles et sont citées partout : l'Association Alfred-Binet dans le XIIIe arrondissement à Paris (l'ASM-13) avec Pierre Mâle et René Diatkine ou la Fondation Vallée avec Roger Misès. Au sein de cette dernière, l'équipe de Misès montre que les enfants considérés comme arriérés inéducables sont bien souvent atteints d'organisations évolutives qui sont dénommées « psychoses déficitaires précoces », « dysharmonies psychotiques » ou « déficiences dysharmoniques ». Évolutives, donc susceptibles d'interventions permettant d'améliorer, même peu, la situation pathologique de ces enfants[26] – de ces catégories sortira trente ans plus tard, avec quelques polémiques, l'enfant autiste.

Concernant les enfants vivant dans leurs familles, les garçons montrent de l'indiscipline et de l'agressivité. Les parents se sentent débordés et souvent demandent un placement, la plupart du temps accordé. Les enfants difficiles au comportement turbulent appartiennent souvent à des familles dissociées ou à problèmes (parents alcooliques, etc.).

Les troubles dits psychomoteurs ou instrumentaux, qui concernent la maîtrise physique du milieu et les moyens de connaître le monde extérieur, sont appréhendés à partir de la psychanalyse. Cela signifie qu'ils sont considérés comme des solutions défensives que le sujet emploie face à des angoisses provenant de la toute petite enfance, dites archaïques ou préœdipiennes (avant que l'enfant ne s'attache au parent du sexe opposé), qui affectent les capacités de symbolisation s'installant dans la phase œdipienne. Misès ne sépare pas les troubles instrumentaux qui affectent les fonctions cognitives et les troubles affectifs et relationnels. Il souligne le rôle des défaillances narcissiques qui se montrent dès la prime enfance. Le risque de souffrir d'une pathologie psychiatrique augmente chez les enfants souffrant de troubles psychomoteurs, et inversement.

Des revues sont lancées : *Revue de neuropsychiatrie infantile et d'hygiène mentale de l'enfance* (1953), dirigé par Heuyer, *Psychiatrie de l'enfant* (1958), largement inspirée par la psychanalyse, ou *Enfance*, dont le sous-titre est *Psychologie, pédagogie, neuropsychiatrie, sociologie.* Henri Wallon, titulaire de la chaire Psychologie et éducation au Collège de France depuis 1938 (suspendu par Vichy) en devient le premier directeur (suivi par le psychologue René Zazzo à partir de 1962). Il écrit dans le premier numéro : « L'axe de [la revue] sera la psychologie avec références perpétuelles à l'éducation. Dans chaque numéro une section sera consacrée aux articles ou aux mémoires de psychologie. Une autre à des revues sur des questions de pédagogie et aussi de neuropsychiatrie infantile et de sociologie. Psychologie, pédagogie, neuropsychiatrie, sociologie nous paraissent former un ensemble dont chaque partie est indispensable aux autres. » La revue se veut d'abord un espace de publication pour les chercheurs en psychologie.

La guidance infantile à la française

Les premières organisations ambulatoires sont créées avec les centres médico-psycho-pédagogiques (CMPP), puis les centres médico-psychologiques (CMP), qui accueillent, on l'a dit, autant les adultes que les enfants. Ils sont conçus dans la lignée de la guidance infantile américaine et du *case-work*, du travail au cas par cas. Le même esprit prévaudra pour les dispensaires publics d'hygiène mentale créés dans le cadre de la psychiatrie infanto-juvénile.

La guidance infantile et le *case-work* aux États-Unis ont pour contexte moral l'idéal social majeur américain de la *self-reliance*, la capacité à compter sur soi, que ces pratiques permettent de renforcer concrètement en facilitant les possibilités pour l'individu de saisir des opportunités. Ils sont importés en France dans les années 1950 dans un tout autre contexte d'idéaux sociaux. La *self-reliance* implique l'existence d'une culture de l'autonomie que ne connaît pas encore la France républicaine où le but de la socialisation est d'abord de faire un citoyen, autrement dit un être de droits et de devoirs, l'État arrachant l'individu à ses dépendances privées. Les pratiques d'informalisation se développeront plus tard en France. La psychanalyse les symbolisera dans les années 1970 – refoulant quelque peu l'influence de la ligne américaine qui n'est pas particulièrement psychanalytique.

Le neurologue William Healy (1869-1963)[27] est considéré comme la grande figure de la guidance infantile et de l'hygiène mentale. Il suit les cours du philosophe William James (1842-1910) et se réclame du pragmatisme et de l'empirisme. Il est impliqué dans la première *juvenile court* (tribunal pour enfant) mondiale à Chicago en 1907. Les tribunaux pour enfants s'accompagnent du développement de services sociaux et éducatifs. Il prend la direction d'une importante clinique de guidance infantile, c'est-à-dire d'une unité de soins ambulatoire. Il publie *The Individual Delinquent* en 1915. Sa grande contribution est de déplacer l'approche de l'enfant qui inquiète du « *disease* au *disorder* », de la maladie au trouble, l'enfant étant appréhendé selon des degrés d'inadaptation allant du normal à l'anormal.

La référence américaine pour le *case-work*, mais aussi pour la promotion du travailleur social est Mary E. Richmond (1861-1928)[28]. Conduite à s'intéresser aux questions sociales par son engagement dans des activités de bienfaisance, elle est considérée comme la fondatrice du travail social. Elle promeut le travailleur social par le *social case-work* qui est « sa principale méthode d'action », développe ses idées dans le contexte des préoccupations de réforme sociale de l'ère progressiste (1880-1920) et publie *Social Diagnosis* en 1917 et *What is Social Case-Work ?* en 1922, ouvrages destinés à l'éducation du travailleur social. Son message est de se tourner vers l'individu particulier, car celui-ci aspire à décider de lui-même. Plutôt que d'agir sur les pauvres et les déviants par la contrainte, elle souligne que l'individualité, donc la *self-reliance*, émerge dans l'interdépendance sociale. Sa philosophie sous-jacente est considérée comme un « pragmatisme démocratique[29] » – pragmatisme au sens très général d'une méthode fondée sur les faits.

Des séminaires sont organisés en Europe ; des psychiatres psychanalystes, comme Myriam David, font des séjours aux États-Unis pour s'initier à ces pratiques. Le *case-work* fut enseigné (en anglais) dans des séminaires en Europe pendant l'entre-deux-guerres par l'Américaine Marguerite Pohek, cheffe adjointe au département social de l'Office européen des Nations unies. Ces activités d'enseignement se poursuivent après la guerre. Le plan Marshall a favorisé les échanges internationaux dans le domaine de l'action sociale en faisant participer des travailleurs sociaux aux actions qu'il finançait (formations, coopération, etc.). La supervision d'équipes, dont la fonction est de favoriser la réflexion des professionnels sur leur pratique, fait partie de plusieurs programmes.

Car pas de travail au cas par cas sans travail d'équipe et pas de travail d'équipe sans supervision. Ce sont les outils de l'individualisation du patient.

La psychanalyse est considérée comme la référence majeure pour les travailleurs sociaux. Il s'agit de développer leurs compétences dans des domaines très variés. Sont créés à partir des années 1950 des instituts ou des écoles spécialisés dans la formation de superviseurs, qui délivreront des diplômes. L'Union nationale des caisses d'allocations familiales, l'École nationale de santé, les associations d'assistantes sociales, la SNCF, etc., développent des programmes de supervision à partir des années 1950. Les formations durent trois ans[30]. La dynamique, on le voit, dépasse largement le domaine de la psychiatrie.

Healy et Richmond vont s'attacher à la diffusion du cas par cas, concept central du tournant individualiste, qui va s'amorcer en France en matière d'enfance qui inquiète. Une inquiétude qui prend de plus en plus la forme de problèmes psychologiques.

Les centres médico-psycho-pédagogiques (CMPP) accueillent les enfants souffrant de troubles psychologiques et ceux rencontrant des difficultés scolaires (qui iront en nombre croissant avec l'extension de l'école obligatoire jusqu'à 16 ans). Il faut souligner que, jusqu'aux années 1970-1980, on constate peu de troubles perturbateurs, ce qu'on appellera les troubles du comportement qui se rattachent aux états-limites (limites entre névroses et psychoses). Ce sont essentiellement des troubles intériorisés, souvent des angoisses de séparation.

« La question de l'inadaptation scolaire, écrit le sociologue Jacques Donzelot en 1977, a été le levier de l'introduction de la psychanalyse dans le champ social, bien avant son utilisation dans les institutions sanitaires au sens strict et avec des effets beaucoup plus importants[31]. » Le premier centre psychopédagogique (CPP), Claude-Bernard, est fondé en 1946 à Paris. On y applique la psychanalyse à la pédagogie en référence au triptyque conseiller-soigner-éduquer de Daniel Lagache[32]. Celui-ci est titulaire de la première chaire de professeur de psychologie à la Sorbonne créée en 1947 en même temps que la licence de psychologie qui permet de professionnaliser le métier de psychologue. La psychopédagogie doit concerner tous les enfants, normaux comme anormaux. Une conception globale nouvelle de l'enfant est promue en évitant de séparer *a priori* les enfants en catégories.

Font partie du CPP les psychiatres psychanalystes Juliette Favez-Boutonier, Françoise Dolto, André Berge, Georges Mauco, qui en est le directeur. Il « devient une des pépinières de la psychanalyse d'enfants[33] ». Les CPP, auxquels s'ajoute rapidement le M de médico, les CMPP, sont créés sous l'égide des ministères de la Santé et de l'Instruction publique et possèdent une double direction, médicale et pédagogique. Le M est imposé par les médecins. D'ailleurs, en réaction à Claude Bernard, est créé l'Institut Claparède où la direction est assurée par un psychiatre, assisté par un directeur administratif. On y pratique également la psychanalyse, mais avec une orientation plus médicale. L'historienne de la psychanalyse française Annick Ohayon juge que Claude Bernard a représenté le modèle d'« un nouveau paradigme » pour lequel les difficultés scolaires sont aussi la conséquence de « troubles relationnels et affectifs[34] ». La déficience est marginalisée.

Les CMPP sont gérés par des associations et seront reconnus d'utilité publique en 1963, ce qui signifie qu'ils sont finançables par l'État.

Donald Buckle et Serge Lebovici dressent un état des lieux des centres de guidance infantile pour l'Organisation mondiale de la santé en 1958[35]. Le travail en équipe pluriprofessionnelle, déjà recommandé par Bowlby, y occupe une place centrale. Ils soulignent que pour comprendre le fonctionnement d'une équipe, « il est évidemment nécessaire de recourir à diverses notions de psychologie dynamique[36] ». En regard des services cliniques traditionnels, « le centre est destiné essentiellement à améliorer l'adaptation des enfants à leur entourage immédiat, en se préoccupant spécialement de leurs relations affectives et sociales, afin de tirer pleinement parti de leurs aptitudes individuelles ». Le travailleur social contribue à examiner les influences du milieu et la façon dont l'enfant les reçoit. C'est pourquoi « la guidance infantile moderne a introduit le principe d'une modification du milieu dans les programmes thérapeutiques applicables aux troubles émotifs et aux troubles du comportement ». L'emploi d'une équipe apparaît indispensable face à la complexité des troubles. Le psychiatre ou le psychologue doivent procéder à un examen détaillé des causes psychologiques et des symptômes, ainsi qu'à « une évaluation précise des capacités de l'enfant et de leur mode d'expression[37] ». Les cliniciens prennent en charge la psychothérapie. La question du potentiel à travers le repérage de son mode d'expression commence à prendre place dans ces pratiques innovantes.

Ces principes apparaissent dans un contexte où l'hôpital psychiatrique reste le recours majeur. Les enfants affectés par un déficit intellectuel vont d'un service fermé à un autre, situation qui commence à être fortement critiquée. En particulier, les psychiatres affirment que les déficits intellectuels, même profonds, sont susceptibles d'évoluer, comme les symptômes psychopathologiques.

La multiplication des centres psycho-médico-pédagogiques, puis médico-psychologiques dans les années 1970 – dont le directeur médical est psychiatre et la plupart du temps psychanalyste –, qui reçoivent des populations en nombre croissant, ont représenté un puissant vecteur d'ancrage de la psychanalyse[38]. Si, dans les années 1950, ils représentent des expériences isolées, leur nombre s'accroît fortement au tournant des années 1960-1970, celles de la France freudienne. On en dénombre 257 en 1977 et la majorité des enfants traités « sont signalés à propos de problèmes qu'ils rencontrent à l'école[39] ».

Au cours de cette période, la notion de handicap se substitue à celle d'inadaptation en se centrant sur les désavantages. En 1967, François Bloch-Lainé, un haut fonctionnaire, remet un rapport qui fait date intitulé *Étude du problème général de l'inadaptation des personnes handicapées*, 1967. « Sont inadaptés à la société dont ils font partie, les enfants, les adolescents et les adultes qui, pour des raisons diverses, plus ou moins graves, éprouvent des difficultés, plus ou moins grandes, à être et à agir comme les autres. [...] L'inadaptation, ainsi définie de façon très large, est un phénomène aux limites incertaines qui englobe des cas disparates. Le terme est cependant commode pour regrouper, motiver et orienter les mesures qui sont à prendre, en leur donnant un même titre, un même motif, un même objet : assurer à ceux dont il s'agit le maximum "d'autonomie" compatible avec leur état, afin de les réinsérer dans leur milieu normal autant qu'il est possible[40]. » Le rapport prône l'égalité des droits, notamment le droit à l'éducation pour les enfants. Celui-ci sera inscrit dans la loi du 30 juin 1975 d'orientation en faveur des personnes handicapées.

Par ailleurs, au cours des mêmes années, qui voient l'entrée massive des jeunes femmes sur le marché du travail, et soulève donc le problème nouveau de la conciliation entre vie professionnelle et vie familiale, les politiques d'accueil du petit enfant se modifient. « Les crèches s'ouvrent progressivement à la prise en compte de nouveaux besoins au-delà des soins de santé : des pratiques favorisant l'éveil et la socialisation du jeune enfant sont mises en place, les éducatrices de jeunes enfants remplacent les jardinières d'enfants. Et, plus largement, les idées en germe sur "l'éveil du tout-petit" se diffusent dans les médias. Des psychologues, psychanalystes et pédopsychiatres invitent à un nouveau regard sur le développement psychique et moteur du petit enfant[41]. » L'enfant, pour être considéré et pratiqué comme un « sujet », doit pouvoir bénéficier d'activités d'éveil et de stimulation. Le rapport de Nicole Bouyala et Bernadette Rousille, *L'Enfant dans la vie. Une politique pour la petite enfance*, remis en 1982 à la secrétaire d'État à la Famille du nouveau gouvernement socialiste, souligne l'importance décisive de l'éveil et de la socialisation des petits qui constituent la préoccupation centrale. Ce thème contribue à un changement de vocabulaire : à la garde se substitue l'accueil. Là où l'on craignait la carence affective, on loue la multiplicité des acteurs de l'éveil pour la bonne socialisation de l'enfant. Un décret du 1er août 2000 affirme la fonction éducative de ces services. N'étant plus de simples modes de garde, il est à présent exigé d'eux « un projet éducatif pour l'accueil, le soin, le développement, l'éveil et le bien-être des enfants ». Le grand public découvre en même temps la petite enfance.

C'est dans le contexte de la diffusion massive des représentations collectives de l'autonomie individuelle au cours des années 1970 que la société porte une attention nouvelle au bébé, mais également au fœtus. Un livre marque ces années : *Pour une naissance sans violence* du Dr Frédérik Leboyer paru en 1974. Que veut dire sans violence ? Sans violence pour la mère et pour le bébé, introduction du père (qui coupe le cordon ombilical). Le traumatisme de la naissance, nécessite de l'adoucir : le fœtus même est une personne (promotion de l'haptonomie, c'est-à-dire des pratiques de « communication » avec le fœtus), mais fort vulnérable à laquelle il faut accorder une grande attention car cela détermine déjà son avenir.

Ce moment est celui des débuts de « la passion de l'enfant » que décrit Laurence Gavarini dans son livre au titre homonyme paru en 2001.

La psychanalyste Françoise Dolto (1908-1988) incarne à partir des années 1970 la psychanalyse d'enfants. Elle promeut l'idée que le but de l'éducation est l'épanouissement de l'enfant et qu'il faut pour cela une éducation nouvelle. Elle a représenté un emblème politique qui a offert « le discours que les "nouveaux" parents voulaient entendre [...] de passer d'un bébé paquet de chair bien aimé à cet enfant sujet du langage, auquel il fallait parler[42] ». Le bébé est doté de compétences, les parents doivent eux-mêmes devenir compétents. Les ouvrages de Dolto et son émission radiophonique *Lorsque l'enfant paraît* se proposent de les aider sans les culpabiliser.

La représentation du nouveau-né qui se généralise à l'époque est double : il est à la fois affecté par le traumatisme de la naissance – c'est la souffrance originelle – et doté d'aptitudes précoces, ce que soulignent Dolto autant que Leboyer.

On se trouve face aux premiers éléments d'une approche qui prendra de plus en plus d'importance, celle de l'intervention précoce, qu'elle soit éducative, sanitaire ou sociale, en même temps que la préoccupation pour la petite enfance amorce son ascension. « Les "compétences précoces" du tout-petit, écrit Laurence Gavarini, impliquaient un parent lui aussi "compétent", rivé, dès la grossesse, aux manuels de puériculture ou aux ouvrages de vulgarisation de psychologie et de psychanalyse de l'enfant[43]. »

L'individualisation s'étend jusqu'au fœtus qui devient lui-même un individu dont il faut favoriser le futur développement expressif en l'écoutant et en lui parlant.

Enfances délinquantes et enfances en danger : une seule enfance à protéger

Du côté de l'enfance délinquante, l'article de Daniel Lagache, publié dans la *Revue de l'Éducation surveillée* en 1946, « illustre le moment décisif où s'opère une mutation dont profitera l'Éducation surveillée. [...] Par cet article, il ouvre une fenêtre conceptuelle qui renouvelle le regard sur la délinquance juvénile, par une méthode souple, évolutive, adaptable au projet d'éducabilité tournée vers l'individu en devenir ; elle intègre les acquis de la psychologie de la première moitié du XXe siècle, tout en bénéficiant des découvertes de la psychanalyse[44] ». Il s'agit d'aborder le mineur en tant que personne singulière complexe dans son contexte de vie et non selon le Code pénal. La méthode ne doit pas consister à redresser en corrigeant la volonté. Pour Lagache, la plupart des mineurs délinquants souffrent de troubles du caractère qui se montrent dans un comportement inadapté et non de maladies mentales. C'est l'individu singulier, donc appréhendé dans sa globalité, qu'il s'agit de comprendre en tenant compte de l'ensemble des circonstances qui caractérisent sa situation personnelle. L'enfance délinquante se voit reconfigurée selon des catégories médicales et psychologiques qui subordonnent les catégories juridiques pénales. C'est l'amorce de la régulation informalisée.

Les transformations de l'après-guerre sont d'abord, pour reprendre le titre du livre de Michel Chauvière, un « héritage de Vichy[45] ». La catégorie d'inadaptation unifie les différentes classes d'enfants qui inquiètent. Elle permet de surmonter la distinction entre récupérables et irrécupérables qui avait marqué la IIIe République. Le psychiatre Louis Le Guillant, fondateur de la revue *Sauvegarde* dont il est le directeur de la rédaction, écrit dans la revue en 1948 : « L'enfant inadapté, délinquant ou en danger moral, que ce soit par arriération, insuffisance du développement ou trouble du caractère, doit être considéré comme une unité biologique structurale et non envisagé sous l'angle classique et fragmentaire [...] qui le stigmatise (retard scolaire, inadaptation sociale, délinquance, etc.)[46]. » Cela veut dire qu'il ne faut pas s'arrêter au symptôme, mais l'analyser en procédant à l'examen total de la situation de l'enfant.

La loi du 27 juillet 1942 avait substitué à la notion de discernement celle d'éducabilité et créé les centres d'observation rattachés au juge des enfants pour diagnostiquer et trier les mineurs. Avec l'ordonnance du 2 février 1945 le discernement est totalement abandonné au profit de l'irresponsabilité pénale. Elle consacre la notion d'« éducabilité du mineur délinquant », la sanction pénale n'étant plus qu'une « dérogation à titre exceptionnel » : la peine et la mesure éducative sont désormais séparées. L'ordonnance du 1er septembre de la même année crée la direction de l'Éducation surveillée, qui devient alors indépendante de l'administration pénitentiaire, ainsi que le statut de ses personnels, dont les éducateurs dont le rôle est fondamental étant donné le principe de l'éducabilité. Les psychologues, qui doivent apporter au magistrat un « éclairage sur la personnalité du mineur », sont la deuxième profession de l'Éducation surveillée. Se met en place un « modèle protectionnel » de philosophie pénale[47], signifiant que le mineur est d'abord considéré comme un enfant en danger. Le décret le souligne, « ce qu'il importe de connaître, c'est bien plus que le fait matériel reproché au mineur, sa véritable personnalité, qui conditionnera les mesures à prendre dans son intérêt. » L'enfant coupable est un enfant qui souffre, ses infractions aux normes sociales sont d'abord des symptômes.

En 1943, Daniel Lagache avait organisé une formation destinée aux professionnels de l'administration pénitentiaire sur le thème « psychothérapie et intervention ». « Pour la première fois, les participants entendent parler de psychologie clinique[48]. » Une grande majorité d'entre eux deviendra psychologue de l'Éducation surveillée.

Il s'agit de reconstruire l'enfant dans une période historique dominée elle-même par l'idée de reconstruction et de progrès.

Connaître la personnalité des mineurs implique des professionnels et des lieux où les observer. Ce seront les psychologues et les centres d'observation, puis les centres d'orientation en milieu ouvert. Un poste de psychologue doit être créé dans ces lieux. Il appartient aux magistrats de faire appel à eux. Quand il n'y a pas de centre d'observation, ils doivent demander à des psychiatres ou à des médecins généralistes d'intervenir. Une dizaine de centres existent à la fin des années 1950. Une quarantaine de psychologues y travaillent. La croissance de la profession se fait d'abord lentement, puis explose dans les années 1970.

Charlotte Toscani-Merle (1931-2017), recrutée comme psychologue en 1947 à la direction de l'Éducation surveillée

– l'une des premières – par la Sauvegarde de l'enfance de Lorraine, note que « l'intérêt pour la théorie psychanalytique a été constant à l'Éducation surveillée tout au long de la mise en place de nouveaux modes de compréhension de l'enfant et de l'adolescent[49] ». Si des batteries de tests sont appliquées aux observés, les observateurs se voient offrir des formations où l'on présente la psychanalyse parmi les outils du psychologue, mais aussi de la nouvelle profession d'éducateur.

On y procède à des examens médico-psychologiques, psychiatriques et corporels où l'on cherche les stigmates de la maladie mentale. Progressivement, on différenciera le diagnostic du psychiatre de celui du psychologue.

Une consultation en milieu ouvert est créée auprès du tribunal de la Seine. Elle est composée de psychiatres et de psychologues. La direction de l'Éducation surveillée suivra ce modèle dans les années 1950. La première consultation d'orientation s'appuyant sur les théories psychanalytiques s'ouvre à Paris en 1963. D'autres suivent. Elles remplacent peu à peu les centres d'observation. L'intervention en milieu ouvert se développe lentement, mais donne le ton de ce qui se généralisera à partir des années 1970.

Au cours de cette période, on a affaire à un double courant institutionnel de milieu fermé et de milieu ouvert tant pour les diagnostics que pour les traitements.

Travailleurs sociaux et éducateurs spécialisés sont progressivement formés par l'Éducation surveillée. Ils collaborent, après des débuts difficiles, avec les psychologues à mesure que des consultations s'ouvrent à partir de la fin des années 1950. Parallèlement, le centre de recherche de l'Éducation surveillée à Vaucresson mène des travaux à partir des dossiers de délinquants. « Les psychologues affectés à cette recherche feront connaître aux personnels des institutions éloignées une pratique qui est aussi d'écoute, de compréhension[50]. » On peut ainsi saisir comment les références analytiques ont pu se diffuser à l'intérieur de l'institution.

Sur le plan professionnel, cela veut dire qu'on passe des métiers formalisés de la surveillance à ceux informalisés de la relation. La formation du métier d'éducateur et d'éducatrice spécialisé(e)[51] montre bien comment une nouvelle profession se développe après la guerre sur la base d'une nouvelle relation des professionnels avec les jeunes. Elle est exemplaire de ce déplacement. Le but est d'établir une proximité avec les jeunes dans les internats où ils vivent avec des adultes. Si l'on continue à retirer les jeunes de la vie sociale, les pratiques se transforment en abandonnant la référence à la correction de la volonté. La vie dans ces internats consiste à partager ensemble, adultes et mineurs, les activités. Les mineurs ont le droit de s'exprimer, parfois ils sont poussés à le faire. On stimule leurs intérêts par un « accrochage affectif ». L'ambiance est familiale. « Les qualités professionnelles mises en avant tiennent alors avant tout à la personnalité, moins aux connaissances formelles[52]. » Les qualités de dévouement et de don de soi sont décisives. Le métier évolue dans les années 1960 vers un rapport plus distancié avec les jeunes, appuyé sur des formations et des connaissances scientifiques : celles de la psychanalyse, et notamment l'éclairage qu'elle apporte sur l'enfant, mais aussi la psychologie sociale et la dynamique de groupes. La supervision est également introduite. À l'informalisation sans outils des premiers temps succède l'informalisation outillée.

En droit pénal, l'ordonnance du 2 février 1945 fait de l'enfant délinquant un enfant à protéger. Celle du 23 décembre 1958[53], qui concerne la justice civile, porte sur l'enfance en danger : elle réforme l'assistance éducative en la réservant exclusivement au juge des enfants, désormais seule autorité, et en donnant à l'enfant le droit de le saisir. L'action doit s'exercer en milieu ouvert (AEMO, Action éducative en milieu ouvert), c'est-à-dire dans la famille ou par un placement. Le juge doit s'efforcer d'obtenir l'accord de la famille, mais c'est lui qui décide en dernière instance. Si on se met à écouter l'enfant, la famille, elle, commence à devenir un partenaire de la décision. Une action familiale préventive confiée à l'ASE (Aide sociale à l'enfance) en 1959 complète le dispositif civil. L'ASE est placée sous l'autorité de la direction de l'Action sanitaire et sociale du ministère de la Santé – elle sera décentralisée en 1986. Avec cette nouvelle politique, « du début des années 1960 à la fin des années 1970, on passe donc d'une représentation de la famille “ennemie” qu'il faut sanctionner par le retrait des enfants à une représentation de la famille “partenaire” qu'il s'agit d'aider notamment en vue du retour des enfants[54]. »

*

La tension entre les nouveaux idéaux des relations informelles et les anciens des pratiques de surveillance et disciplinaire est bien résumée par la sociologue Michèle Becquemin à propos des modes d'intervention de l'ASE jusqu'au tournant des années 1960-1970 : « Le système d'aide en protection de l'enfance sera donc dominé, jusqu'en 1970 au moins, par une centration sur l'enfant. L'aide octroyée vise son émancipation, son insertion sociale, sa structuration psychique. Les actions socio-éducatives sont bien évidemment normatives. L'enfant, le jeune sont mis au pas, mais en tenant compte des individualités. Les contraintes pèsent alors sur les détenteurs de l'autorité parentale devant l'autorité souveraine du juge, mais ces mesures s'exercent plutôt sur le mode de la négociation, toutes les fois que cela est possible[55]. » Amorce d'une intervention sous la forme de la négociation avec la famille, mais maintien d'une perspective formalisée avec l'enfant semblent représenter la situation générale. Le pédopsychiatre Jacques Constant raconte qu'en 1970, un camion emmène des « arriérés » attachés pour les placer dans un hôpital. L'exemple illustre pour lui le décalage entre les pratiques et la référence à la discipline pédopsychiatrique[56].

Les pratiques commencent sérieusement à changer au cours de la décennie 1970 avec la dynamique instaurée par la sectorisation, multipliant les organisations ambulatoires, modifiant les pratiques hospitalières par l'approche clinique de l'enfant, y compris avec les déficients mentaux. L'enfant-individu expressif est affecté par des pathologies, des déficiences ou des déviances désormais toutes considérées comme évolutives. C'est pourquoi il faut l'écouter. Il est dès la naissance à la fois vulnérable et compétent. Les régulations informelles qui façonnent cet enfant avec le principe de prise en charge globale, les pratiques d'écoute et l'attention à l'affectivité, succinctement décrites dans ce chapitre, se généralisent au cours de ces années. Leurs usages deviennent ordinaires, elles se sont instituées.

Avec leur institutionnalisation et l'émergence de la voix individuelle de l'enfant, se mettent en place des modes d'intervention visant à équiper les individus afin de les rendre capables d'affronter un avenir ouvert en les aidant à devenir les agents de leurs propres changements. Ce consensus est acquis quand la société elle-même fait sa « révolution expressive », selon l'expression du sociologue américain Talcott Parsons sur les années 1960 américaines, et devient individualiste avec le développement de l'autonomie comme aspiration collective.

CHAPITRE 4

L'enfant-individu acteur : une seconde inflexion individualiste

> « Nombreux parmi ceux qui sont nés avec ces différences (autistes, dyslexiques, TDA/H, dépression) et sont capables de militer pour eux-mêmes se méfient des recherches visant à éliminer leurs conditions sur l'argument qu'elles élimineraient une grande partie de ce qui fait d'eux *eux.* »
>
> A. ROTHSTEIN[1].

À partir des années 1980, l'autonomie demeure certes une aspiration collective – ainsi la verra-t-on s'élargir à la liberté de « choisir » son sexe comme un droit humain[2] ou au mariage pour tous au début du XXIe siècle. Cependant, elle connaît une inflexion majeure : elle devient, comme on l'a vu au premier chapitre, la condition commune, c'est-à-dire une attente collective à l'égard de chacun. L'autonomie, désormais normative, imprègne l'ensemble de nos relations sociales. Cela signifie que nous vivons dans une société d'acteurs, une société du pouvoir d'agir. Qu'est-ce que cela veut dire plus précisément concernant la famille, les parents, les enfants et leurs relations ?

L'enfant-individu acteur est au fondement de la Convention internationale des droits de l'enfant, approuvée en 1989 par l'Assemblée générale des Nations unies, signée notamment par la France. Elle rend les droits de l'enfant contraignants. Elle repose sur quatre principes fondamentaux : la non-discrimination, l'intérêt supérieur de l'enfant, le droit de vivre, survivre et se développer, le respect des opinions de l'enfant. Ce dernier bénéficie désormais de la liberté d'association, de conscience, de religion, de réunion, mais étant donné son statut de minorité, ces droits sont exercés par les parents ou, peut-être plutôt, *avec* les parents selon son degré de maturité.

Aux droits-protection, spécifiques de l'enfance, viennent ainsi s'ajouter des droits qui étaient jusqu'alors le monopole de l'adulte, les droits-liberté[3] – comme celui du respect de son opinion ou de sa parole. L'enfant devient donc sujet de droit au même titre que l'adulte. Ces droits conduisent à une « optique contractualiste[4] » et à une vision de la famille en termes de négociation. La Convention est un moment décisif de l'émancipation de l'enfant. Celui-ci devient juridiquement un individu-acteur doté de droits-liberté. Par exemple, le droit à la participation : « Tous les individus, aussi jeunes soient-ils, doivent avoir la possibilité de s'exprimer, de participer à la construction de leur propre vie, d'agir, de faire des choix et de voir leurs opinions respectées et valorisées[5]. » La Convention constitue également un moment décisif de l'horizontalisation des relations adultes-enfants et de l'informalisation de leurs régulations sociales.

Pour comprendre le rôle et la place de la santé mentale pour l'enfant-individu acteur, il faut partir des inquiétudes suscitées par le nouveau statut de l'enfant et des débats qui les ont accompagnées. « L'enfant redevient incertain dans la postmodernité », écrivent ainsi deux sociologues spécialistes de l'enfance en danger en 2013[6]. Que veulent-ils dire ? « Comme tout un chacun dans un contexte de postmodernité libérale, [l'enfant] doit être responsable de sa vie, "entrepreneur de lui-même"[7]. » Autrement dit, l'enfant ne serait plus tout à fait un enfant, les frontières avec l'adulte ayant tendance à se brouiller, notamment dans la prévention de la délinquance. Ce souci est partagé par une partie des professionnels, nous y reviendrons. Cette incertitude se déroule dans le contexte des débats et polémiques sur la façon dont il faut s'occuper des enfants qui ont été évoqués en introduction à propos de l'éducation positive et du rapport de l'Inserm sur le trouble des conduites.

Le modèle tutélaire avait déjà été ébranlé dans le moment de l'enfant-individu expressif. Il est désormais entièrement subordonné à un modèle de l'autoresponsabilisation. Les critiques de la postmodernité perçoivent dans ce modèle une nouvelle aliénation par la surresponsabilisation de l'individu.

Ces critiques semblent confortées par le fait que ce modèle se développe quand on passe du temps moderne, caractérisé par un avenir guidant le présent, au temps contemporain défini comme un nouveau présentisme. « Le présent devient une injonction, écrit François Hartog, dans laquelle dominent des attentes de flexibilité, d'innovation, etc., tandis qu'à l'espérance ont succédé aujourd'hui la défiance et l'anxiété[8]. » Les tensions de ce présentisme sont accentuées par la révolution numérique que la globalisation diffuse largement. Dans ce nouveau cadre temporel et normatif, l'avenir est à la fois incertain et ouvert normativement. Un rapport du Sénat sur la santé mentale des 6-11 ans de 2017 le formule à sa manière : « La rapidité de ces évolutions [de la société], les incertitudes sur l'avenir de nos sociétés et un climat à certains égards anxiogène génèrent des inquiétudes, voire des besoins nouveaux[9]. »

Tout cela est juste, mais les critiques du néolibéralisme ont le tort d'identifier responsabilisation et surresponsabilisation. Il faut replacer ces critiques et ces constats inquiets dans un cadre sociologique plus large : la généralisation de l'informalisation des régulations qui s'appuie sur « la contrainte de la non contrainte » en vue de renforcer les capacités d'autocontrôle émotionnel qu'exige une société d'émancipation et d'action individuelles dont l'idéal consiste à assumer la responsabilité d'une vie choisie. Les régulations informalisées sont ce qui permet de faire société quand les relations entre classes sociales, sexes et générations se sont fortement horizontalisées. Ces régulations, comme nous allons le voir plus en détail, sont concentrées dans cet ensemble de pratiques qu'est la santé mentale.

Ces tensions apparaissent justement au moment où la psychiatrie traditionnelle, qui concerne des personnes affectées de troubles psychiatriques lourds (essentiellement des psychoses), devient un aspect de la santé mentale qui, elle, concerne tout le monde. Comme on va le voir, les pratiques de santé mentale se réfèrent à une polarité allant du négatif de la souffrance psychique au positif du bien-être ou santé mentale positive. À la différence de la psychiatrie, elle va au-delà de la lutte contre la pathologie – la souffrance psychique peut être un simple mal-être. Le bien-être, rappelons-le (voir chapitre 1), est un moyen de se confronter aux aléas de l'existence, comme le clame l'OMS, une attitude à l'égard de la contingence. L'accroissement du potentiel d'avenir de l'enfant, et pas seulement le traitement de sa pathologie, devient une cible clé de l'action. En témoigne le nouveau souci dominant pour l'enfance : la prévention. Celle-ci va de la Protection maternelle et infantile (PMI) à l'adolescence et repose sur l'idée fondamentale que les troubles mentaux de l'adulte débutent dans l'enfance, voire dans la petite enfance.

Le contexte de l'autonomie normative implique que les jeunes sont de plus en plus dépendants, pour leur bonne socialisation, de leurs propres capacités à agir et de leurs propres motivations. Dans le même temps, l'attente collective que chaque enfant devienne lui-même s'est concrétisée par l'objectif que l'épanouissement personnel, appuyé sur la promotion du bien-être, soit devenu une des missions de l'éducation. Car il n'y a pas d'autonomie sans bien-être et pas de bien-être sans estime de soi – toutes questions dont traite la santé mentale.

Dans ce nouveau contexte, les régulations informalisées se généralisent avec de nouvelles catégories opératoires – sur lesquelles nous allons revenir – selon un axe qui va du handicap à l'atout, la catégorie clé étant celle de compétence de savoir-être ou psychosociale, tandis que de nouvelles formalisations se développent pour la délinquance (dans une certaine mesure, le mineur redevient responsable, mais dans un tout autre contexte que celui décrit au chapitre 2), et que des tensions se montrent entre les deux types de régulation, par exemple entre autorité parentale et responsabilité parentale ou entre prévention de la délinquance et protection de l'enfance.

Les deux polarités souffrance psychique/bien-être et handicap/atout structurent le nouvel esprit de l'intervention sur les troubles de la socialisation qu'est la santé mentale.

Pour décrire ces changements, nous commencerons par examiner l'introduction de la santé mentale à l'école, qui ouvre sur la nouvelle perspective du bien-être et reconfigure les modes d'intervention sous l'égide de la compétence psychosociale ou de savoir-être – une catégorie essentielle de la régulation du potentiel d'avenir. Si l'enfant devient un individu-acteur, il en va nécessairement de même avec les parents : ce sont les nouveaux droits des parents et la politique de la parentalité qui seront décrits dans un second temps. Nous poursuivrons par les changements dans les formes de mal-être repérées par les psychanalystes, l'autonomie accrue de l'enfant venant poser la question des « limites ». Nous continuerons avec les reconfigurations de ce que nos sociétés appellent « trouble mental » à travers la figure de l'autiste dont le cerveau développe des compétences « atypiques » et montre ainsi un nouvel aspect de la pathologie ou du handicap : leur potentiel créatif. Celui-ci représente un aspect majeur de d'idéal caractéristique de l'autonomie normative, l'idéal du potentiel caché[10]. En relation avec ces reconfigurations, nous terminerons par la diffusion massive des approches comportementales-cognitives (remédiation, rééducation) sous l'égide de l'autorité nouvelle des neurosciences cognitives. L'appellation « trouble du neurodéveloppement » remplacera celle de « trouble mental ».

L'esprit de l'intervention en santé mentale : souffrance psychique/bien-être, handicap/atout

Les politiques de santé mentale qui se développent à partir des années 1990 consistent sur le plan organisationnel en un développement et une diversification de l'offre psychiatrique en ambulatoire (deux circulaires, l'une pour l'adulte, l'autre pour l'enfant, prescrivent d'intervenir en première intention en ambulatoire en mars 1990). Au cours de cette période, la demande de consultations de la part des familles devient ordinaire. « Pour beaucoup de parents, peut-on lire dans un éditorial d'une revue de psychiatrie de l'enfant en 2018, la démarche de consultation auprès d'un pédopsychiatre s'inscrit désormais dans un souci d'attention et de bienveillance envers l'enfant et son bon développement[11]. » L'augmentation de la demande ne vient donc pas seulement d'une croissance des troubles (question discutée par les spécialistes), mais des demandes parentales.

Si le manque de données épidémiologiques est dénoncé par tous les experts, on dispose néanmoins de quelques informations : 13 % des enfants de 6 à 11 ans souffrent de troubles psychiques, 5,6 % d'entre eux présentent un trouble émotionnel (anxiété de séparation, anxiété généralisée, phobies spécifiques, trouble dépressif), 6,6 % un trouble oppositionnel, 3,2 % un trouble de l'attention avec ou sans hyperactivité (TDA/H), soit les deux tiers d'entre eux avec des troubles extériorisés qui perturbent la relation sociale[12]. Le rapport de l'Inspection générale des affaires sociales (IGAS) de 2018 sur les CMPP, les CMP-IJ et les CAMSP (centre d'action médico-sociale précoce[13]) note une augmentation continue de la demande avec des profils pathologiques variables. Dans les CMPP, par exemple, les troubles émotionnels diminuent de moitié entre 1996 et 2018 tandis que les professionnels estiment observer une hausse de la nouvelle catégorie que sont les troubles envahissants du développement (TED), proches de l'autisme et caractérisés par des altérations dans les interactions sociales, ainsi que des troubles légers.

Indépendamment du diagnostic, ce sont les difficultés d'intégration sociale qui sont le motif récurrent de consultation. L'importance de ces troubles tient à ce qu'ils perturbent les relations sociales de l'entourage de l'enfant.

La Cour des comptes constate, dans une note de 2023 pour l'Assemblée nationale, une fréquence élevée des troubles psychiques, comme dans tous les pays de l'OCDE, la France se situant dans la moyenne. Rappelant que la santé psychique des enfants détermine leur santé future, elle commence par affirmer que ce caractère « confère à la pédopsychiatrie, outre sa dimension thérapeutique immédiate, une dimension majeure de prévention en santé à long terme[14] ».

En 2017, les sénateurs Alain Milon et Michel Amiel[15] notent d'abord que la psychiatrie de l'enfant a nettement moins fait l'objet de rapports que celle de l'adulte, mais que cette question a récemment été placée au premier plan. Environ 500 000 enfants seraient pris en charge dans les intersecteurs. Ils rappellent que l'enjeu est d'abord celui de la prévention – c'est *le* leitmotiv de la pédopsychiatrie qui doit intervenir du bébé au jeune adulte (les 18-24 ans). Concernant la question de l'augmentation des troubles, comme la phobie scolaire, il estime que « cette plus grande visibilité n'est pas nécessairement le reflet d'une augmentation des pathologies ». Elle est en tout cas le signe que ces questions sont devenues un souci ordinaire pour les familles.

Il faut intervenir dans « les mille premiers jours », pour reprendre le titre du rapport du même nom, car, comme le soulignent les premières lignes, « il s'agit d'une période sensible pour le développement et la sécurisation de l'enfant, qui contient les prémisses de la santé et du bien-être de l'individu tout au long de la vie[16] ».

À partir des années 2000, on remarque une abondance législative qui va au-delà de la santé mentale et donne une base légale à de nouveaux concepts comme celui d'*accompagnement*, qui se substitue à celui de prise en charge, et est associé à l'idée qu'il faut aborder les individus à travers un *parcours* singulier fondé sur un *projet de vie*. Ainsi, la loi du 2 janvier 2002 rénovant l'action sociale et médico-sociale instaure le principe d'accompagnement des parcours de vie, individualisés et adaptés aux besoins de chacun.

La loi du 11 février 2005 pour l'Égalité des droits et des chances, la participation et la citoyenneté des personnes handicapées permet d'élargir le concept de handicap aux troubles mentaux. Ceux-ci sont redéfinis comme des handicaps psychiques, handicaps résultant de la pathologie. Cette notion dépasse celle de pathologie dans la mesure où elle concerne ses conséquences dans la vie sociale. La loi consacre un mode d'intervention sur les personnes dans la société et non en « institution ».

Pour les enfants, cela ouvre le nouveau domaine de l'inclusion scolaire : la loi prévoit la scolarisation de l'enfant en situation de handicap en milieu ordinaire. L'école inclusive devient la règle. Le vocabulaire administratif se modifie : si le terme « handicapé » reste largement en usage, on emploie de plus en plus l'expression de « besoins éducatifs particuliers », expression moins stigmatisante que celle de handicap et qui met en relief la notion nouvelle de différence. La loi crée les Maisons départementales pour les personnes handicapées (MDPH) pour répondre aux besoins des adultes comme des enfants et un droit à la compensation. La loi représente ainsi pour tous un tournant vers l'autonomie individuelle et l'inclusion – nouvelle catégorie clé – dans la vie en société. Les difficultés d'application sont soulignées par la plupart des acteurs et des observateurs.

La loi du 8 juillet 2013 d'Orientation et de programmation pour la refondation de l'école de la République consacre la notion d'école inclusive. Là aussi les enfants sont caractérisés comme ayant des besoins spécifiques, ce qui valorise la singularité par rapport au handicap. La loi prévoit un « accompagnement adapté » : des aménagements doivent être prévus pour les sorties scolaires, les examens, etc. De nouvelles professions se développent, les auxiliaires de vie scolaire (AVS) et les accompagnants d'élèves en situation de handicap (AESH). Un plan d'accompagnement personnalisé est prévu pour les élèves rencontrant des difficultés d'apprentissage.

Plus encore – et l'école inclusive se conçoit dans cette perspective – le bien-être devient la norme.

La protection de l'élève s'étend en effet à l'épanouissement personnel. La protection doit contribuer à l'émancipation de l'enfant pour favoriser l'autonomie de l'adulte. Ainsi, lit-on sur le site de l'académie de Dijon que l'école « doit être un lieu protecteur, un lieu d'écoute, un lieu où le bien-être des élèves est une priorité afin d'assurer les acquis fondamentaux[17] ». On assiste donc à une intégration de la vie affective dans les missions de l'école. Les rapports qui ont suivi la promulgation de la loi vont tous dans le même sens.

Celui du Sénat de 2017 prône le développement de la santé mentale positive et le bien-être – les deux notions sont identiques. Celui de la Mission bien-être et santé des Jeunes de la pédopsychiatre Marie Rose Moro et de l'inspecteur d'académie Jean-Louis Brison de 2016, remis à plusieurs ministères et au président de la République, vise une culture du bien-être partagée par tous les acteurs. Le bien-être est « un état intimement lié à la dignité de l'élève », écrivent-ils[18]. Il n'est pas un confort, mais un outil pour le développement des capacités. Pour l'atteindre, l'alliance des professionnels de santé et de l'éducation est indispensable : « Toute démarche thérapeutique a ainsi vocation à rétablir le jeune dans ses potentialités et à lever les freins à son développement affectif et social. Cette démarche est complémentaire d'une démarche éducative. *L'aide pédagogique et l'aide thérapeutique se renforcent l'une l'autre*[19]. »

Le rapport présente la multitude d'institutions pour enfants et adolescents – les points d'accueil et d'écoute jeunes (PAEJ) ou les maisons des adolescents (MDA) auxquels les jeunes peuvent avoir accès sans leurs parents – comme un des signes du gain en autonomie personnelle. Le fonctionnement en réseaux paraît être la règle dans la pratique, et le partenariat entre administrations se développe, particulièrement entre l'Éducation et la Santé.

Le mode d'approche des élèves rappelé par tous est la bienveillance de l'institution qui doit favoriser la confiance des élèves envers elle et entre eux. Les deux concepts sont évidemment interdépendants. Le rapport détaille les modalités pour une école bienveillante. Par exemple, le professeur doit « contribuer à assurer le bien-être et la sûreté des élèves, à prévenir les violences scolaires, à identifier toute forme d'exclusion ou de discrimination, ainsi que tout signe pouvant traduire des situations de grande difficulté sociale ou de maltraitance[20] ». Le rapport estime que la scolarisation des élèves en situation de handicap a largement contribué à la diffusion de la notion de bienveillance. Le repérage du « grand mal-être » fait d'ailleurs partie des questions à suivre. Un *Guide à l'attention des équipes éducatives des collèges et des lycées : une École bienveillante face aux situations de mal-être* est publiée en 2014 par la Direction générale de l'enseignement scolaire. La Mission souligne que l'éducation à la santé implique « l'expression "réussite scolaire ET santé" ».

Dans le cadre de la loi du 14 mars 2006 sur la Protection de l'enfance est instauré le projet pour l'enfant en cas d'aide sociale ou d'une mesure de protection : celui-ci doit assurer la stabilité de son parcours. Il vise à « favoriser le bien-être et l'épanouissement de l'enfant et, à plus long terme, son autonomie[21] ». C'est un document unique (qui n'est pas un contrat) l'accompagnant tout au long de son parcours. Pour les adolescents de 17 ans, il doit inclure un projet d'accès à l'autonomie personnelle de l'adulte.

Accompagnement, parcours, projet, intervention précoce, approche capacitaire : avec ces catégories, à la différence de la psychiatrie traditionnelle, comme nous l'avons noté au premier chapitre, la santé mentale intègre totalement dans ses pratiques la vie sociale et affective des personnes affectées, enfants comme adultes, santé et socialité étant inextricablement mêlées. Avec ces catégories, la pathologie se trouve relativisée au profit du soutien au potentiel de l'enfant. Si les enjeux de pathologie sont évidemment toujours présents, ils se voient reconfigurés par le nouvel objectif de développement du bien-être. En même temps de nouveaux problèmes arrivent à l'ordre du jour de la santé mentale, comme le harcèlement moral[22] ou les addictions aux jeux vidéo[23].

Ce changement conduit à mettre au premier plan une catégorie aujourd'hui fondamentale au sein des régulations informalisées non seulement dans les pratiques de santé mentale, mais encore dans la formation des élèves qui doit aller au-delà de la culture scolaire : la compétence psychosociale ou de savoir-être. Elle conditionne les qualités de flexibilité, de créativité, de réactivité, etc., nécessaires dans le monde à la fois ouvert et incertain de l'autonomie normative. Avec sa catégorie complémentaire de résilience[24], elle désigne la capacité à surmonter la « réduction normative » (pour parler comme Georges Canguilhem) qu'est la pathologie ou le handicap à partir de ses propres atouts. Elle repose sur un idéal majeur de l'autonomie-condition, celui du potentiel caché[25] : chaque individu possède des ressources et des atouts pour convertir un handicap en une capacité, il faut donc l'aider à les faire ressortir. Et c'est sur cette capacité que les pratiques d'accompagnement doivent placer l'accent.

Les compétences psychosociales, que l'OMS recommande également de développer, sont définies comme la capacité d'une personne à faire face aux exigences et aux défis de la vie quotidienne. Elles peuvent être de nature sociale, émotionnelle ou cognitive. Elles impliquent la capacité à maintenir un état de bien-être. De bonnes interactions sociales en dépendent. Une stratégie nationale multisectorielle de développement des compétences psychosociales chez les enfants et les jeunes pour les années 2022-2027 a fait l'objet d'une instruction des ministères de la Santé et de la Solidarité en 2022. Des objectifs opérationnels sont indiqués, déployés selon plusieurs axes dans des feuilles de route. Le but est l'*empowerment*, le pouvoir d'agir, ce qui a des conséquences positives sur les interactions sociales et la capacité à faire face à l'adversité. Ces compétences sont les déterminants des déterminants de la socialisation à l'autonomie.

Une note de 2018 rédigée par trois économistes pour le Conseil d'analyse économique souligne que la France est en retard en matière de compétences psychosociales par rapport à la moyenne des pays de l'OCDE, ce qui n'est pas sans lien avec le fait que les élèves français montrent un fort niveau d'anxiété car l'école n'arriverait pas à créer le sens du collectif et se caractériserait par « un climat de défiance ». L'enseignement est très faiblement personnalisé en fonction des besoins des élèves, une moitié d'entre eux estime notamment que les enseignants ne leur donnent pas la parole, etc., ce qui ne contribue pas à la formation des compétences psychosociales. L'école française fait donc encore peu appel aux régulations informalisées – alors que l'école finlandaise est érigée en modèle des régulations informalisées dans de nombreux travaux.

On ne naît pas parent, on le devient[26] ou la politique du parent acteur

Dans le contexte des transformations de l'institution de la famille analysées plus haut, les parents deviennent, comme les enfants, acteurs. Cela implique qu'ils aient, comme les enfants et de manière complémentaire, de nouveaux droits. Ils font également l'objet d'une politique de soutien dite de « parentalité » pour les aider à les mettre en œuvre. Celle-ci représente un mode d'intervention d'un État devenu animateur[27]. Cette nouvelle régulation des comportements fait essentiellement appel à des pratiques informalisées. Elles sont toutes centrées pour favoriser le potentiel d'avenir de l'enfant. Il existe des pratiques formalisées dans les sanctions, mais elles sont subordonnées en valeur aux informalisées et de peu d'usage. Le sociologue François de Singly suggérait en 1996 que « les parents sont devenus responsables de la révélation du potentiel de l'enfant, en créant des conditions propices à l'actualisation de ce potentiel[28] ». L'autorité parentale se voit modifiée par la responsabilité parentale, responsabilité qui consiste précisément à prendre en charge le potentiel de l'enfant.

Ces changements dans l'esprit de l'action publique visent à répondre à ce que la sociologue Irène Théry appelle la « grande question » : celle de « l'émergence de nouvelles valeurs familiales accompagnant la métamorphose contemporaine de la filiation, et plus largement de nos rapports aux enfants[29] ». Désormais, le parent doit être à la fois partenaire des professionnels et responsable de l'ascension de l'enfant à l'autonomie.

Le rapport de Jean-Louis Bianco et Pascal Lamy *L'Aide à l'enfance demain* publié en 1980[30] et les décisions qui suivent sa publication visent à réduire les inégalités socio-économiques en favorisant l'action éducative et sociale à domicile plutôt que le placement en établissement. L'intervention en milieu ouvert se généralise. Ce rapport insiste sur la prise en compte de la parole de l'enfant et de l'avis des parents.

La loi du 6 juin 1984 relative aux droits des familles dans leurs relations avec les services de protection de l'enfant rompt totalement avec la logique d'assistance du « modèle tutélaire ». L'accord des parents pour une intervention administrative est obligatoire, sauf en cas d'urgence, et doit être consigné dans un document. La priorité est de maintenir les liens parents-enfants, ce qui n'est pas le cas lors d'une intervention judiciaire.

Dans ces métamorphoses, être un « bon parent » devient une question commune pour chacun et un objet de politiques publiques. C'est le « tournant de la parentalité » cristallisé dans les politiques de soutien. Dans l'autonomie-condition, l'individu est soutenu dans son *parcours* par des *accompagnements* divers, essentiellement informalisés, qui montrent la manière commune d'agir dans cette société. Comme pour l'éducation de l'enfant, celle du parent met au centre de ses préoccupations la compétence parentale indissociable de la nouvelle responsabilité des parents.

Le terme parentalité « demeure relativement indéfini, écrit le sociologue Claude Martin dans un rapport pour le Haut Conseil de la population et de la famille en avril 2003. Sa souplesse est sans doute aussi un de ses atouts. Parce qu'elle demeure floue, elle permet bien des usages ». Le rapport clarifie les significations et les enjeux de la notion qui fait l'objet du débat habituel sur la nature de la société permissive et l'individu narcissique. Il procède à « l'examen des formes plurielles de la parentalité[31] » en se demandant si le terme est une « expression de la diversité des configurations parentales ou de l'inquiétude sur les transformations de la famille ». Il considère qu'il est plutôt l'expression d'une inquiétude à l'égard des parents concernant l'exercice de leurs fonctions parentales, leurs compétences pour assumer les responsabilités nouvelles de l'autorité parentale. Il insiste sur le fait que les parents ne sont pas démissionnaires, mais débordés et ne sachant comment faire. Le contexte socio-économique joue un rôle majeur dans ces difficultés (inégalités d'emploi, de temps disponible, etc.) parce que ces nouvelles manières de vivre ont un impact fort sur les inégalités sociales. D'une manière générale, les rapports insistent sur le fait que les politiques de soutien doivent être distinguées de la prévention de la délinquance.

Le rapport du Haut Conseil à la famille publié en 2016 définit le concept de parentalité et établit un bilan des dispositifs et de leurs usages[32]. Il estime que la demande est forte : 43 % des parents sont en demande de soutien. Un bilan établi sur cinq dispositifs (de liaison famille-école, d'espace de rencontres parents-enfants, de médiation parents-enfants, etc.) est nuancé ; il considère que les Réseaux d'écoute, d'appui et d'accompagnement des parents (REAAP), premier dispositif de soutien créé en 1999 à la suite de la conférence de la famille de 1998, sont « l'outil phare et fédérateur de la politique de soutien à la parentalité[33] ». Les REAAP permettent la mise en réseau d'actions destinées à conforter, à travers le dialogue et l'échange, les compétences des parents en s'appuyant sur la mise en valeur de leurs capacités. Sur le site du ministère de la Santé et des Solidarités sont listées les multiples sujets abordés par ces réseaux : « Coparentalité et aide aux parents en conflit ou en voie de séparation ; accompagnement de parents de jeunes enfants ; soutien aux parents de préadolescents et d'adolescents ; facilitation des relations entre les familles et l'école, prévention et appui aux familles fragiles, articulation vie familiale/vie professionnelle. » Les évaluations du Haut Conseil concluent à l'efficacité des REAAP, notamment « la participation active des parents et la valorisation de leurs compétences », mais il y a aussi des faiblesses comme l'insuffisance des crédits alors que l'offre se développe.

Une enquête sur trois REAAP montre comment l'attitude d'empathie et d'écoute des professionnels permet « d'activer les *capacités* (souligné dans le texte) à la parentalité ». Un pilote de réseau déclare : « Écouter, rassurer, orienter, accompagner, c'est vraiment notre rôle. » Les professionnels mettent au travail un « individualisme professionnel[34] ». Ils se perçoivent comme des vecteurs de valorisation de la fonction parentale, chargés de comprendre et d'accompagner en déculpabilisant. Il s'agit de donner les moyens au parent de trouver en lui les ressources nécessaires.

La loi sur l'égalité des chances du 31 mars 2006 instaure un Contrat de responsabilité parentale (CRP) entre les parents ou tuteurs légaux des enfants et le département. Il vise à lutter contre les carences de l'autorité parentale. Le CRP rappelle aux parents leurs obligations et comporte des mesures d'aide ou d'action sociale. Le contrat est suivi par un travailleur social. En cas de non-respect de ce contrat, les familles peuvent être soumises à une suspension des allocations familiales. Ces contrats concernent surtout le problème de l'absentéisme scolaire et celui du décrochage, mais aussi la prévention de la délinquance. Dès 2004, la lutte contre l'absentéisme scolaire avait été érigée au rang de priorité absolue – une circulaire ministérielle détermine la procédure à suivre par les personnels de l'Éducation nationale. Une enquête sociologique dans trois départements sur les dispositifs de soutien en milieu populaire montre que pour ces populations les logiques sécuritaires brouillent les logiques émancipatrices. Les intervenants sociaux résistent aux tendances à la culpabilisation et contrebalancent ce que l'enquête considère comme une violence de « l'hyper-responsabilisation[35] ».

Des rencontres-débats peuvent désormais être organisées pour favoriser les relations parents-enseignants avec la « mallette des parents ». Visant l'implication des parents et leur partenariat, elle est un des outils de l'école de la confiance.

Obtenir un diagnostic pour reprendre la main

Dans ce nouveau cadre, les tensions entre parents et professionnels de santé mentale portent souvent sur leur asymétrie relationnelle. Une autre facette du parent-acteur se montre alors : la recherche d'un diagnostic pour reprendre la main. Le cas du TDA/H, qui a fait l'objet d'enquêtes sociologiques, est exemplaire. Ce trouble se caractérise par de l'impulsivité, de l'inattention et/ou de l'agitation motrice. Il s'accompagne souvent d'un trouble du comportement. Les mesures prises dans le cadre de la réforme du handicap en 2005 sont applicables au TDA/H.

Considéré comme le trouble le plus fréquent chez l'enfant, son diagnostic est l'objet de polémiques entre approches psychodynamiques qui l'abordent comme un symptôme à analyser pour en découvrir les ressorts et approches cognitives-comportementales se référant aux neurosciences cognitives qui le traitent comme un trouble handicapant sur lequel il convient d'agir directement par des pratiques de rééducation et de remédiation. Dans l'un ou l'autre cas, les difficultés scolaires sont le motif principal de consultation.

Une enquête sociologique auprès de familles adhérentes à l'association HypersSupers, créée en 2002, qui milite pour qu'il soit considéré comme un trouble neurologique, montre qu'elles reprochent aux pratiques psychanalytiques de se contenter de dédramatiser sans voir l'aspect médical de la chose. L'obtention d'un diagnostic permettrait de déculpabiliser dans une certaine mesure les parents. Les ambivalences à son égard demeurent néanmoins. Le recours au médicament est l'objet d'un parcours de doutes et d'indécisions.

« Les qualifications posées sur les enfants concernés peuvent osciller entre le registre positif de l'activité et de la créativité et le registre négatif de l'absence de contrôle[36]. » Certains parents donnent des qualifications positives à leur enfant, faisant ainsi usage de l'idéal du potentiel caché : il présente des capacités particulières non pas *malgré* le trouble mental, mais *grâce à* lui. À l'opposé se trouve l'enfant chez lequel domine l'agressivité, les explosions de colère, la violence.

Une autre enquête sociologique dans deux CHU et un CMP montre que les parents d'enfants hyperactifs se sentent culpabilisés par les enseignants, l'entourage, etc. L'enquête les montre peu compétents, manquent d'autorité et se plaignent de ne pas trouver une offre de soins correspondant à leurs besoins, en termes d'aide à la compréhension ou à l'élaboration de stratégie de gestion. « En outre, les parents regrettent qu'on ne leur ait jamais donné de diagnostic et ont souvent le sentiment de ne pas être associés aux soins[37]. » Ce genre de reproches est généralement adressé aux professionnels inspirés par la psychanalyse. La demande est de sortir de la psychologie et d'aller vers les professionnels qui donnent un diagnostic et associent aux soins. Des travaux empiriques étudient d'ailleurs les relations de partenariat ou de collaboration autour des pratiques comportementales-cognitives. Les explications neurobiologiques, souvent employées dans les consultations, contribuent à la déculpabilisation en faisant de l'enfant une victime de ses dérèglements cérébraux. Cependant, cette contribution reste limitée dans ses effets de déstigmatisation. De plus, l'usage de médicaments psychotropes (la ritaline, etc.) fait souvent l'objet de reproches de la part de l'entourage (« droguer » son enfant). Les enjeux moraux, on le constate, sont fort loin d'être négligeables.

Concernant les enfants atteints d'autisme, une enquête ethnographique dans deux hôpitaux de jour, l'un se référant à la psychanalyse, l'autre aux approches comportementales-cognitives, montre que dans le premier cas les professionnels sont pessimistes et visent à faire admettre aux parents la situation de leurs enfants, alors que dans le second ils sont optimistes et cherchent à améliorer l'apprentissage scolaire avec des pratiques d'entraînement[38]. Dans l'étude d'une liste de discussions sur le Web, on constate que les parents y participant voient l'autisme non comme une pathologie psychiatrique, ayant une causalité psychologique, mais comme un trouble envahissant du développement, d'origine neurobiologique nécessitant des méthodes d'intervention éducatives[39].

Internet et les réseaux sociaux permettent aux parents d'acquérir une culture scientifique, de partager leur expérience avec d'autres et de trouver des moyens divers de soutien. Ils gagnent en compétence et en expertise pour discuter de manière plus égale avec les professionnels. Être le partenaire des professionnels semble être devenu la norme chez les parents.

Psychanalyse : de l'angoisse névrotique à l'insécurité narcissique

La psychanalyse repère à partir des années 1990, chez l'enfant comme chez l'adulte, des difficultés nouvelles à se conduire par soi-même, à être bien socialisé. Traditionnellement, l'immense majorité de ces difficultés se montrent dans des névroses. Leurs symptômes sont l'expression de conflits inconscients au sein du Moi entre le Ça pulsionnel et le Surmoi interdicteur. Elles se montreraient de plus en plus dans des pathologies narcissiques où ce n'est plus le Surmoi qui est en jeu, mais l'Idéal du Moi : on a affaire non plus à un conflit, mais à une souffrance de ne pas être capable d'être ce que l'on voudrait être, une souffrance à être.

Ces pathologies se manifestent chez l'enfant et l'adolescent sous la forme de ce que les psychanalystes ont appelé des agirs, des actes-symptômes, cela veut dire que le symptôme est l'acte (absentéisme scolaire, consommation de toxiques, vol, etc.).

L'environnement y occupe une place centrale parce qu'il permet d'externaliser le conflit psychique projeté sur lui, de sorte que le sujet parvient à l'éviter. Le narcissisme affecté tend à produire plus de honte que de culpabilité, honte notamment de ne pas être à la hauteur des exigences de succès à l'école, en sport, etc.

Dans ces actes, on distingue deux catégories, qui peuvent se recouper : les troubles du comportement (comme les conduites d'opposition pouvant conduire à la violence, voire à la délinquance), et l'instabilité psychomotrice faite d'agitation, de manque d'attention – le trouble de l'attention avec ou sans hyperactivité (TDA/H), qui fait aujourd'hui l'objet d'une préoccupation majeure, étant paradigmatique. On voit également beaucoup de phobies, notamment des phobies scolaires. On range aujourd'hui sous la rubrique du trouble des conduites, « outre les violences et les affrontements avec l'entourage, les manifestations dépressives et de retrait, les anorexies mentales, les boulimies compulsives, les conduites d'addiction, les comportements autodestructeurs[40] ». Les potentialités évolutives sont évidemment plus favorables si l'on agit « en temps opportun et avec des moyens adaptés[41] ». Par rapport aux catégories des névroses et des psychoses, c'est le domaine de l'archaïque et des interactions précoces (préœdipienne, donc), surtout mère-enfant, qui est en cause. La symptomatologie est considérée comme non spécifique car les symptômes dominants varient souvent avec l'âge. Les psychanalystes rappellent que les symptômes ne représentent pas seulement de la négativité, ils sont également de puissants mécanismes psychiques protecteurs, des mécanismes de défense qui permettent à l'individu de compenser les défaillances de l'environnement et de se défendre contre la dépression qui occupe une place centrale dans ces troubles.

Les symptômes ne sont pas seulement considérés comme un trouble dont il faut débarrasser l'individu.

« Les enfants et adolescents que nous voyons en consultation ou en hospitalisation en pédopsychiatrie, écrit un psychiatre en 2001, semblent bien différents de ceux que nous avions coutume de voir il y a seulement cinq ou six ans. Le plus souvent, leurs troubles du comportement les mettent en difficulté dans leur insertion scolaire ou leur inscription familiale ou sociale[42]. » Alors que, traditionnellement, on constatait des angoisses de séparation à l'origine des symptômes, ce sont aujourd'hui des angoisses liées à la socialisation, aux limites entre réalité psychique et réalité extérieure, mais également entre soi et autrui qui deviennent incertaines.

Bien qu'il n'existe pas d'enquête, les professionnels constatent une forte augmentation des demandes. L'adolescence est le moment où se radicalisent les nouvelles représentations collectives de l'être humain en société, qui se condensent dans l'individu narcissique. « Nous observons chez ces enfants qui présentent des failles [...] des sentiments d'autodévalorisation qui peuvent se manifester par un manque de confiance en soi, l'impression de ne jamais être à la hauteur, et qui se traduisent souvent par des manifestations externes telles que des troubles du comportement[43]. » Les difficultés scolaires rencontrées par les mineurs alimentent bien évidemment de tels sentiments. « En somme, nous pouvons aujourd'hui repérer des demandes d'aides et de soins de la part d'adolescents et de leurs familles, qui visent davantage une aide à la construction de soi, ce qu'on appelle un ego[44]. » La dimension thérapeutique et la dimension de formation de soi sont liées.

Des discussions ont lieu portant sur le mot « état » puisque l'enfant, à la différence de l'adulte, est en développement constant. « Même dans une perspective psychodynamique, écrit le psychanalyste et psychiatre Bernard Golse, la notion d'états-limites pose, toutefois, un certain nombre de problèmes chez le bébé et chez le très jeune enfant. Ceux-ci se trouvent en effet, du fait de leur croissance et de leur maturation psychique, en plein processus de formation et de structuration[45]. » On a donc moins affaire à des structures au sens fixiste du terme, comme chez l'adulte, qu'à des processus évolutifs. Il vaudrait donc mieux parler de pathologies que d'états.

Ces pathologies se concentrent surtout chez l'adolescent : « On assiste tant chez les grands enfants que chez les adolescents à un développement des phénomènes anxieux dépendant de l'individuation, c'est-à-dire en lien avec le regard des autres et la difficulté à trouver sa place dans la société[46]. » C'est sans doute pourquoi on peut lire dans l'argument d'une revue de psychanalyse consacrée aux « cas difficiles » en 1990, qu'« avec le narcissisme, la psychanalyse semble évoluer vers une théorisation de l'insécurité plus que de l'interdit[47] ». Les psychanalystes notent que les patients sont affectés d'une insécurité intérieure continue. Ils estiment avoir affaire à une clinique de l'idéalité plus qu'à une clinique de l'interdit.

Le pédopsychiatre et psychanalyste Philippe Jeammet résume les relations entre ces formes nouvelles et la normativité sociale : « Il nous semble donc que l'accroissement actuel des états-limites, des pathologies narcissiques et des troubles du comportement à l'adolescence ne reflète pas tant des changements structuraux en profondeur de l'organisation psychique des adolescents que des formes nouvelles d'expression d'organisations psychiques en elles-mêmes peu différentes de celles du passé et congruentes avec l'évolution sociale et le comportement des adultes. [...] L'évolution sociale permet aux jeunes, pour la première fois dans l'histoire de l'humanité, en tout cas à une si grande échelle, de concevoir un avenir qui ne soit pas la pure répétition de la vie de leurs parents. Cette ouverture vers un mode de vie en partie inconnu, accompagnée d'un affaiblissement des interdits mais d'un accroissement des exigences de performance et de réussite individuelles, favorise tout naturellement l'expression des inquiétudes narcissiques et des besoins de dépendance, tout en diminuant les occasions de conflits d'opposition[48]. » Cette nouvelle situation qui invite le jeune à être capable de choisir sa vie risque de le rendre insécure.

Nombre de psychanalystes soulignent ces changements de la psychopathologie de l'enfant qui se seraient accélérés à partir des années 1990. Ces changements indiqueraient pour certains d'entre eux une érosion de la différence des générations, suscitant une crise de l'enfance, au sens où les enfants ne vivraient plus une vraie enfance. Ainsi, la psychanalyste Florence Guignard écrit-elle en 2006 : « Pour moi, qui suis confrontée quotidiennement à l'écoute des enfants, des adolescents, mais aussi des adultes qui s'en occupent – patients adultes, parents et psychothérapeutes de l'enfance –, je peux affirmer que le développement psychique des enfants dans notre société a davantage changé au cours de ces dix dernières années qu'il ne l'a fait au cours des Trente Glorieuses qui les ont précédées[49]. » Il a changé parce que la sexualité génitale infantile s'est fortement répandue chez les enfants sur le mode de l'imitation de la sexualité adulte. La période de latence, entre la petite enfance et l'adolescence, qui permet à l'enfant d'élargir ses intérêts, aurait tendance à décliner, sinon à disparaître. Les psychanalystes constatent que le complexe d'Œdipe rencontre des difficultés à s'installer, ce qui conduit à des mécanismes de défense non névrotiques, comme le déni ou le clivage, qui sont traditionnellement attachés à la période préœdipienne, archaïque. Une nouvelle économie pulsionnelle se développe qui entraîne de nouvelles angoisses, tant chez les adultes que chez les enfants et les adolescents. L'excitation des tout-petits est régulièrement rappelée dans la littérature. Elle peut entraîner plus tard des troubles du comportement et des TDA/H qui risquent de se transformer en échec scolaire, voire en décrochage et délinquance à l'adolescence (thème des agirs). La même analyste ajoute : « des adultes qui, théoriquement en charge d'éduquer la génération suivante, se servent en réalité des plus jeunes pour y projeter et y satisfaire leur propre hédonisme infantile. » Cela contribue à estomper la différence adulte/enfant. C'est la parentalité narcissique dont la conséquence est la négligence des enfants.

La parenté narcissique est résumée de façon exemplaire par cette psychanalyste : « On retrouve dans le fonctionnement de la famille le même affaiblissement des interdits et des limites au profit de l'accroissement des exigences narcissiques. L'évitement des conflits, la perte de la médiation que représentait le consensus social sur les règles de vie, favorise la création d'une pseudo-mutualité familiale et l'enchevêtrement entre les générations. À la problématique du conflit, liée à des interdits forts et propres aux sociétés aux règles transactionnelles rigides, se substitue une problématique du lien pour laquelle la distance relationnelle ne peut plus se moduler par le biais des limites et des différences clairement affirmées. »

Les actes-symptômes ont, selon de nombreux psychanalystes, pour fondement sociologique l'érosion de la distance parents-enfants qui est au cœur de la crise de l'enfance. Notons que le psychologue Didier Pleux, directeur de l'Institut français de thérapie cognitive, auteur notamment de *De l'enfant roi à l'enfant tyran*, qui a fortement critiqué l'usage des méthodes inspirées par Françoise Dolto, est sur les mêmes perspectives sociologiques qui font désormais partie du sens commun.

Des cliniciens notent qu'ils sont de plus en plus confrontés dans leurs pratiques thérapeutiques à l'enfant roi et à l'enfant tyran. Ils soulignent que « les repères classiques sont devenus obsolètes » et qu'ils sont « contraints de revoir leurs bases théoriques »[50]. Ils estiment que les familles de ces enfants soit ne savent pas poser de limites, soit oscillent entre attitude autoritaire et attitude laxiste. Cette situation est liée à une « société marquée par un effacement de la différence entre les sexes et les générations[51] ». C'est certainement l'une des tensions morales majeures suscitées par l'horizontalisation des relations. La parentalité narcissique se montrerait particulièrement non dans la maltraitance, mais dans la négligence de la part de parents trop préoccupés par leur propre moi.

La sociologie de ces troubles se réfère souvent, comme pour l'adulte, à l'individualisme narcissique qui se développerait chez l'enfant avec l'affaiblissement des interdits et les changements dans la famille caractérisés par des recompositions multiples, mais aussi une tendance à l'évitement du conflit. La famille se privatiserait et ne serait plus une institution, les nouvelles pathologies en seraient le signe. Cette thèse est présentée de manière exemplaire par le philosophe Marcel Gauchet en 2004 : « L'enfant du désir est l'enfant d'un désir privé, l'enfant d'une famille désinstitutionnalisée, d'un couple intimisé, d'une femme qui voit dans l'enfantement une expérience personnelle. On ne le fait plus pour la société, mais pour soi. » On aurait affaire à une « mutation anthropologique[52] » qui se résume à l'idée qu'on ne fait plus société.

Un psychanalyste souligne que la soustraction de jouissance, qui permet la bonne socialisation, est en crise : une « génération de parents qui ne conçoivent plus la légitimité de dire "Non !" à leurs enfants. Ce symptôme [...] a envahi les consultations depuis une dizaine d'années[53] ». C'est donc toute la vie collective qui a basculé dans l'horizontalisation et dont on voit les conséquences parmi la clientèle de la psychanalyse.

L'enfant, devenu roi avec la famille moderne, basculerait dans la tyrannie : c'est l'enfant qui dit « non » et ne supporte pas la frustration. « L'enfant a pris le pouvoir, écrit Didier Pleux en 2002, utilisant ses parents pour son bon plaisir. Comment faire pour rétablir l'autorité ? Comment se faire respecter en tant que parent ? [...] Comment élever un enfant pour qu'il s'épanouisse tout en respectant les autres ? Tel est l'enjeu de ce livre[54]. » Pour Florence Guignard, « la figure de l'enfant roi est l'expression, le reflet, l'anticipation, la préfiguration, un paradigme de notre modernité, le miroir de l'adulte contemporain. » Elle estime qu'« il n'y a plus de principe entraînant l'adhésion collective qui dessinerait pour tous des appartenances collectives permettant d'étayer les identités personnelles[55] ». Agirs et postmodernité occupent ainsi une place dominante depuis une vingtaine d'années dans ce que les psychanalystes appellent les « nouvelles cliniques ». Elles résulteraient d'un processus de désinstitutionalisation qui possède des effets de désymbolisasion.

On retrouve ici la confusion, analysée au premier chapitre, entre les idéologies individualistes, qui assimilent individu et individualisme et opposent l'individu et le collectif, et l'esprit social de l'individualisme. En réalité, nous faisons plutôt face à une transformation de l'institution de la famille dans le contexte de l'autonomie comme condition qui conduit à l'horizontalisation des générations et à des pratiques éducatives informalisées – ce qui ne veut pas dire qu'il n'y a pas de problèmes, mais qu'il faut poser sociologiquement les choses autrement.

En effet, nous assistons à un grand changement du système de parenté, qui est un système symbolique : le « démariage », pour reprendre le titre du livre d'Irène Théry[56], et la pluralisation des formes familiales à mesure que la famille passe d'un modèle centré sur le mariage (le modèle matrimonial avec complémentarité hiérarchique homme/femme, l'homme étant fait père par le mariage, c'est la présomption de paternité) à un modèle centré sur la filiation et l'enfant, mariage ou concubinage devenant une affaire de conscience personnelle, de choix individuel. C'est « la grande métamorphose » de la filiation, de la famille et de la parenté. « La filiation contemporaine est de plus en plus fondée sur l'engagement envers un enfant que le couple de ses parents ne prétend en aucune manière avoir procréé ensemble[57]. » C'est l'enfant, procréé ou non par le couple, qui fait la famille, c'est lui qui oblige. Voilà en bref ce en quoi consiste la grande transformation de l'institution de la famille.

On peut caractériser ces pathologies se référant à la limite d'une manière ou d'une autre comme des troubles de la distance à soi et à autrui favorisés par l'horizontalisation. Elles se diffusent ou sont plus visibles dans une société où l'éducation vise l'autonomie individuelle, dans laquelle l'attente globale est que l'individu puisse faire des choix et agir de lui-même de manière appropriée dans la plus large mesure possible. L'autonomie normative met en avant le narcissisme des individus qui devient en même temps fragile. Car le Surmoi (qui représente la voix des parents, puis celle de la société) est certes interdicteur, mais, rappelons-le, il est simultanément protecteur.

Dans les pathologies narcissiques et limites, au sein desquelles la dépression occupe une place centrale, se montre le changement du style pathologique accompagnant l'ascension des représentations collectives de l'autonomie et le déclin simultané de celles de la discipline. Les interprétations individualistes, trop focalisées sur les « affaiblissements », ne permettent pas de voir qu'il s'agit d'un changement global de l'esprit de l'institution dans une société où la normativité de l'autonomie, l'horizontalisation des relations, l'informalisation des interventions et le présentisme du temps font de la régulation individualisée des désordres de la socialisation une question centrale.

L'autiste, modèle de la diversité des voies d'accès à l'autonomie

« L'autisme a transformé la façon dont nous pensons le handicap », écrit l'historienne Brigitte Chamak[58]. L'autisme est en effet exemplaire de la reconfiguration des représentations du trouble mental à l'aune de l'informalisation et de l'horizontalisation. Il est exemplaire en ce qu'il a incarné un changement accompagnant l'autonomie-condition : la diversité des voies d'accès à l'autonomie via la catégorie de « neurodiversité ». Celle-ci signifie que l'autisme n'est pas seulement un handicap, c'est aussi une compétence psychosociale différente, un atout donc, voire une forme de vie. L'autisme devient alors une identité et offre une figure d'identification à l'idéal du potentiel caché, au fait qu'il y a toujours des ressources en chacun pour surmonter ses affections aussi étranges peuvent-elles paraître.

L'autisme devient d'abord un handicap

L'autisme traditionnel se caractérise par un retard mental profond. Son diagnostic a été élargi à un syndrome sans retard mental, le syndrome d'Asperger, inscrit dans la quatrième édition de la classification américaine des troubles mentaux (le *DSM-IV*) publié en 1994. Il est alors défini comme un trouble envahissant du développement (TED) se manifestant avant l'âge de 3 ans, caractérisé par une perturbation des interactions sociales et de la communication, ainsi que par des intérêts réduits et des stéréotypies.

En France, une circulaire d'avril 1995 suivie d'une loi de 1996 en font un handicap, ce qui donne des droits, particulièrement en matière d'éducation pour les mineurs. Ce statut était réclamé par les associations de parents. Celles-ci critiquaient la psychanalyse accusée de rendre les parents responsables et la psychiatrie de ne pas aider l'enfant à surmonter ses difficultés en ne traitant pas son mal comme un handicap. Elles ont souhaité créer leurs propres structures thérapeutiques et pouvoir choisir les modes d'intervention, c'est-à-dire des techniques éducatives-rééducatives et cognitives-comportementales. Elles ont d'ailleurs développé des rapports privilégiés avec les neuroscientifiques et les praticiens de ces méthodes[59].

La conception contemporaine de l'autisme en termes de handicap est apparue dans la psychiatrie britannique de l'enfant[60]. Entre les années 1920 et les années 1960, il est considéré comme une psychose infantile dite précoce parce qu'elle se déclenche très tôt dans l'enfance, alors que la schizophrénie apparaît à partir de l'adolescence. Psychose veut dire qu'elle se caractérise par des hallucinations, par des difficultés à se relier aux autres et par une inconscience de sa propre subjectivité.

À partir des années 1960, les autorités commencent à fermer en masse les institutions closes et les populations auparavant internées doivent être prises en charge au sein de la population générale avec d'autres besoins. L'épidémiologie psychiatrique se développe dans ce contexte et modifie profondément les traits de l'autisme. « Au lieu de mesurer le développement de l'enfant et ses anomalies *via* des modèles théoriques des tentatives successives d'un enfant à s'engager dans la réalité à travers ses relations avec les gens et avec les objets, ces études mesurèrent le développement de l'enfant et ses anomalies par des variables comportementales au sein d'une population générale qui représentait la norme[61]. » L'autisme est alors radicalement distingué de la psychose, avec sa causalité émotionnelle et ses aspects hallucinatoires, et se voit défini comme une pathologie du développement de l'enfant dont les symptômes majeurs sont des troubles du langage (retard d'accès, puis anomalies), un déficit de communication et des comportements stéréotypés. En 1979, la psychiatre britannique Lorna Wing redéfinit le syndrome autistique par le critère des « déficits sociaux ». Son argument est que le handicap social rend mieux compte tant des comportements stéréotypés que des difficultés de communication. Elle émet l'hypothèse que « certaines aires ou fonctions du cerveau sont responsables du développement des interactions sociales et des activités symboliques de l'imagination[62] ». Deux ans plus tard, elle propose le terme de syndrome d'Asperger pour le diagnostic des sujets à l'intelligence normale.

Cette conception de l'autisme a servi de modèle pour le nouveau dénominatif de « troubles du neurodéveloppement » adopté par le *DSM-5* en 2013 et la Haute Autorité de santé (HAS) en 2018 en lieu et place de l'expression « troubles psychiques », comme on le verra un peu plus loin.

Parallèlement, les politiques de prise en charge de l'autisme (différents plans adoptés au cours des années 2000) ont été étendues à ces troubles. Un rapport du Sénat de 2023 estime nécessaire la poursuite de cette extension. Ces troubles dits complexes (c'est pourquoi il leur faut un diagnostic) impliquent que les réponses ne soient pas uniformes. Ils ne sont pas des entités autonomes, ils font partie d'un spectre, les troubles du spectre autistique et les troubles du spectre des apprentissages pour l'essentiel.

… puis la forme exemplaire de l'idéal du potentiel caché[63]

Au-delà de l'approche en termes de handicap réclamée par les parents, des personnes autistes ont commencé à faire entendre leurs propres voix souhaitant qu'on reconnaisse le fait qu'elles possèdent une connaissance par expérience et qu'on les considère comme des partenaires. Elles ont fait reconnaître la diversité des voies d'accès à l'autonomie, en retournant le stigmate en capacité différente, exemplifiant ainsi l'idéal du potentiel caché.

Le potentiel caché est la forme sociale par laquelle déviants, malades ou handicapés sont devenus des individus modernes (des sujets, si l'on préfère le tropisme philosophique français) en s'émancipant de la référence aux institutions qui les prenaient en charge totalement. Plus précisément, il est la forme sociale par laquelle ils sont institués en tant qu'individus possédant une identité particulière. Précisons ses traits caractéristiques.

Le neurologue Oliver Sacks (1933-2015) est le grand conteur de cet idéal en ce qu'il a mis en relief dans ses récits de cas neurologiques, bien souvent extraordinaires, le caractère créatif de la maladie. Les récits de Sacks brossent le portrait de figures appartenant aux « frontières lointaines de l'expérience humaine[64] ». « Les défauts, les désordres ou les maladies, écrit-il, sont susceptibles de jouer un rôle paradoxal en favorisant l'éclosion de pouvoirs de développements, d'évolutions et/ou de formes de vie qui auraient pu autrefois demeurer latents, ou auraient même été inimaginables en leur absence. » C'est le « potentiel "créateur[65]" » de la maladie. Celle-ci est, par nature, un mal qui se décrit selon des critères normal/pathologique, mais – là est l'innovation culturelle – elle révèle des paradoxes qui en changent les coordonnées : la condition paradoxale se pense dans les termes solidaires du handicap et de l'atout. Les problèmes sont abordés dans une perspective dynamique à travers laquelle le sujet atteint fait montre de pouvoirs créateurs suscités par sa confrontation à la maladie.

Sacks est très certainement le principal neurologue grâce auquel « le patient neurologique est devenu une entité à travers laquelle les humains ont façonné le sens de leur identité[66] ». Avec la référence au potentiel caché, le mal acquiert des qualités positives qui permettent de le transformer en identité. Ce potentiel ne peut apparaître et se diffuser que dans le contexte d'un système d'attentes collectives résolument centré sur la valorisation des différences individuelles. Ces attentes se montrent elles-mêmes dans un changement du concept de capacité humaine formulé selon une polarité typique/atypique que la figure de l'autiste incarne.

L'autiste est cardinal car il incarne, d'une part, la pathologie même de l'interaction sociale et, d'autre part, le nouveau visage de l'enfant différent avec la « neurodiversité ». Il exemplifie le fait que le pouvoir d'agir revêt aujourd'hui les formes les plus diverses. La polarité typique/atypique concrétise ces nouveaux idéaux. L'autiste est ainsi passé des fins de l'arriération mentale au statut de super-individu qui transforme son handicap en « style cognitif » différent – bien qu'on estime que 50 ou 60 % des enfants autistes n'atteignent pas le langage.

La HAS emploie désormais les mots neurotypiques et atypiques. Elle recommande d'intervenir dans les mille premiers jours parce que la plasticité cérébrale est maximale pendant cette période. Le but est « de récupérer la trajectoire la plus proche possible de l'enfant neurotypique et de prévenir au minimum les sur-handicaps[67] ». Les concepts et les directives de l'action publique sont désormais formulés dans le langage des neurosciences cognitives, les références psychanalytique ou psychodynamique ayant totalement disparu.

En 1986, l'Américaine Temple Grandin publie la première autographie d'une personne autiste, *Ma vie d'autiste*. Professeure de sciences animales dans une université d'État, spécialiste mondialement reconnue de l'abattage des animaux, elle a coécrit le premier récit « de l'intérieur », *Emergence*, en 1986[68], qui montre l'émergence de sa subjectivité autiste. Pour Oliver Sacks, ce livre mettait en question « le dogme médical [...] qu'il n'y *avait* pas d'"intérieur", pas de vie intérieure chez l'autiste[69] ». Or c'est tout autre chose qui ressort de ses récits : le sentiment d'être étranger à l'espèce humaine, d'être comme « un anthropologue sur Mars », expression de Grandin qui a fourni le titre éponyme de l'ouvrage de Sacks. Remarquons, et ce n'est pas un détail, que se sentir un étranger parmi les humains est un sentiment *très* humain, qui peut arriver à n'importe qui dans certaines circonstances, un sentiment ordinaire.

Grandin exprime de façon exemplaire la capacité à adopter une ligne de conduite personnelle dans la société de l'autonomie-condition en ce qu'elle possède une compétence à tel point intriquée dans son handicap qu'enlever le handicap impliquerait de supprimer la compétence. Sa réputation mondiale en matière de connaissance intime du comportement animal (elle se sent bien avec les animaux, ce qui n'est pas le cas avec les humains) et son étrangeté à l'espèce humaine sont absolument solidaires. Il fut ainsi possible de donner un langage commun et une forme identifiable à des expériences humaines élargies.

La grande leçon apportée par Grandin, écrit Oliver Sacks, est que « l'autisme, tout en amenant à affronter des problèmes majeurs dans certains secteurs de l'existence, conférait aussi des potentialités extraordinaires, et socialement précieuses, en d'autres domaines – potentialités que l'individu autiste ne pouvait faire fructifier qu'à la condition qu'on l'autorise à *être soi-même et à vivre son autisme*[70] ». Devenir soi en transformant la contrainte du mal qui vous atteint en un style de vie choisi par soi et reconnu par autrui, être soi-même non seulement malgré le handicap, mais plus encore grâce à lui, voilà la conquête de l'autonomie normative.

Ces nouvelles figures individualistes permettent d'affronter l'adversité en ce qu'elles mettent en scène et en sens les voies multiples par lesquelles la polarité normal/pathologique peut être reconfigurée en polarité atout/handicap. La leçon est lumineusement simple : il faut être soi-même, et pour être soi-même, il faut trouver le potentiel caché, réveiller l'étincelle divine en soi. Ces modèles de grandeur auquel chacun peut s'identifier montrent la diversité des façons dont chacun peut retourner un mal en bien en se faisant confiance. Ils sont des modèles d'*être* : ils dessinent des voies crédibles pour l'utopie d'une société organisée sur l'individu[71]. Il y a là un changement majeur dans les représentations collectives de la société individualiste.

Les voies neuronales de l'autonomie : neurosciences cognitives et idéaux sociaux

Temple Grandin fonde son raisonnement sur les pouvoirs du cerveau. « Quelle que soit l'évolution de la pensée sur l'autisme, écrit-elle à la fin de son livre, j'ai confiance qu'elle considérera nécessairement les choses cerveau par cerveau, brin d'ADN par brin d'ADN, trait par trait, force par force et, peut-être le plus important, individu par individu[72]. » Ici, le cerveau est totalement individualisé, il est la métaphore de l'individu. Cette représentation se produit avec l'ascension des neurosciences cognitives tant dans l'imaginaire collectif que dans les pratiques dans la mesure où elles sont le fondement scientifique des pratiques comportementales-cognitives qui se diffusent largement à partir des années 1990 pour l'adulte et pour l'enfant. Notons qu'aucune thérapie ni aucun diagnostic ne se fait avec des outils proprement neurobiologiques.

Elles ont transfiguré les idéaux de l'autonomie normative avec le concept biologique de plasticité cérébrale. Celle-ci est la capacité du cerveau à se modifier par lui-même tout au long de la vie en fonction de l'expérience de chacun[73]. Son mécanisme biologique s'appelle la transmission synaptique et la plasticité synaptique, c'est-à-dire les relations entre neurones. Elles peuvent se renforcer ou s'affaiblir sous l'effet de l'expérience, selon qu'elles sont plus ou moins sollicitées. Plus les synapses sont activées, plus elles se renforcent. Avec ces deux notions est démontrée la capacité du cerveau à se transformer, à transformer son organisation, en fonction des besoins de l'individu. Elles font converger les acquis les plus convaincants de la recherche biologique et les représentations collectives de l'homme d'action autonome auquel chaque enfant doit parvenir dans sa trajectoire développementale. Son succès sera phénoménal pour rendre compte de l'« apprentissage » du cerveau et promouvoir l'image d'un cerveau qui, comme l'individu, se modifie de lui-même tout au long de sa vie.

La leçon que délivre la recherche biologique est que le cerveau dispose toujours de ressources pour que l'individu puisse trouver une solution à ses problèmes et qu'il ne faut pas désespérer de la nature sur laquelle, au fond, on peut toujours compter pour rebondir. Elle montre un cerveau possédant une telle souplesse de fonctionnement que l'individu doit toujours être capable de surmonter la réduction normative causée par le mal, grâce à une création qui correspond à ses besoins. Elle est un appel à la tolérance pour la diversité en regard de l'étroitesse de la polarité normal/pathologique – c'est le cerveau du nouvel individualisme illustré au travers de l'autisme. Le concept biologique de plasticité cérébrale se fond dans la représentation collective de l'autonomie, il transfigure la capacité de l'individu à changer de lui-même, activant ainsi l'un des idéaux les plus ordinaires et les plus valorisés, consistant à affirmer qu'il existe toujours, logées au fond de soi, des ressources pour s'en sortir.

Concernant l'enfance, on a assisté à une forte médiatisation du cerveau et des neurosciences cognitives, notamment avec les livres de la pédiatre Catherine Gueguen, *Pour une enfance heureuse. Repenser l'éducation à la lumière des dernières découvertes sur le cerveau*, paru en 2014, et surtout celui de l'institutrice Céline Alvarez, *Les Lois naturelles de l'enfant*, paru en 2016[74].

Gueguen prône bien entendu une éducation empathique et bienveillante car cette éducation se fonde sur les connaissances apportées par les neurosciences. Un site pour les professionnels de la petite enfance estime que « ce livre a constitué une petite révolution » parce qu'il informe sur les découvertes sur le développement du cerveau, comme le fait que l'enfant ne pourrait contrôler ses émotions avant 5-7 ans[75].

Alvarez relate dans son livre son expérience de trois ans dans une classe de maternelle multi-âges à Gennevilliers : « L'étayage s'est notamment axé autour du développement des compétences exécutives aujourd'hui largement reconnues comme étant les fondations biologiques de l'apprentissage et de l'épanouissement global. » Elle rappelle que la plasticité cérébrale est maximale dans la petite enfance. Elle proclame que les lois de l'apprentissage sont révélées par les neurosciences qui permettent d'enrichir la pédagogie nouvelle de Maria Montessori. Les neurosciences, désormais tout à la fois cognitives, affectives et sociales, « confirment » les découvertes de Maria Montessori au début du XXe siècle. L'objectif de sa pédagogie est de rendre l'enfant le plus autonome possible. Cette pédagogie me semble résumée par cette phrase qui concerne les activités préliminaires : il s'agit de permettre « aux enfants de conquérir une autonomie solide en développant leurs compétences exécutives ». Elles sont des compétences du cerveau car celui-ci possède dans le cortex frontal des zones dédiées aux fonctions exécutives, celles qui prennent en charge le comportement orienté vers un but, soit les fonctions de plus haut niveau. Elles conditionnent les capacités à se conduire par soi-même.

La conquête de l'autonomie passe par l'usage du jeu de langage des neurosciences cognitives. « La meilleure façon d'aider les enfants à entrer dans les apprentissages fondamentaux, écrit Alvarez, c'est justement de ne pas se focaliser sur ces apprentissages fondamentaux – mais de se focaliser sur le développement de l'autonomie pour permettre aux enfants d'exercer les fonctions essentielles de leur intelligence. [...] Ainsi, plus les enfants seront autonomes, et plus ils assimileront rapidement les concepts culturels en langage, en mathématiques, en géographie, en musique, car ils auront les moyens de le faire. [...] Vous l'aurez compris, s'il ne devait y avoir qu'une seule information à connaître pour aider un enfant à s'épanouir, dans le cadre d'une classe, ou de façon générale, ce serait celle-ci : nous devons leur permettre d'être autonomes. [...] Autonomie, autonomie, autonomie, voilà votre mantra[76] » à vous enseignants.

« Des établissements privés, libres de choisir la pédagogie qu'ils veulent, seraient mieux à même d'aller chercher chez nos enfants le génie qui sommeille en eux », écrit ironiquement un journaliste du magazine *Le Point* en 2016 dans un article intitulé « Céline Alvarez, une imposture ? ». Un article de Slate.fr se demande « Pourquoi tant de profs ne supportent plus Céline Alvarez ? » (12 octobre 2016) et souligne que « c'est l'idée d'une pédagogie unique qui est brocardée, celle qui pourrait régler d'un coup tous les problèmes de l'école ». La même année dans *Le Monde*, Roland Goigoux, un spécialiste de l'apprentissage de la lecture, estime que « beaucoup de choses présentées comme nouvelles par Céline Alvarez ne le sont pas ». *Télérama*, en revanche, soutient fortement « la pédagogue qui passe l'école au scanner ». Stanislas Dehaene, neuroscientifique professeur au Collège de France et président du Conseil scientifique de l'éducation nationale, a scanné le cerveau d'enfants dans une classe expérimentale « afin de mettre en évidence, *via* des procédés d'imagerie cérébrale [...] ce qui sautait de toute façon aux yeux ». « C'était stupéfiant, se souvient le scientifique, de voir les performances remarquables de ces enfants, qui ne bénéficiaient pourtant d'aucun soutien ou environnement favorable à la maison » (*Le Point*). Une inspectrice générale de l'Éducation nationale est convaincue par l'ouvrage : « Les enseignants de maternelle, qui travaillent sur cette période de très grande plasticité du cerveau, ont une responsabilité particulière auprès des enfants. »

Estimant très prometteuses les neurosciences cognitives, tout en rappelant le danger de réduire les difficultés d'apprentissage à des mécanismes cérébraux, Michel Ferrari, du centre des sciences cognitives de l'université d'Ontario au Canada, souligne qu'« il est important qu'une neuroscience de l'éducation soit attentive à promouvoir un cadre dans lequel l'agentivité humaine soit possible et valorisée[77] ».

Stanislas Dehaene prône des politiques éducatives fondées sur la preuve. Par l'intermédiaire du cerveau, c'est la méthode scientifique qu'il s'agit de promouvoir à l'école. « Chaque réforme, avant son introduction, devrait faire l'objet de discussions et d'expérimentations aussi rigoureuses que s'il s'agissait d'un nouveau médicament. » En ce qui concerne les interventions sur les enfants, « l'imagerie cérébrale est devenue un outil de choix afin d'examiner si l'intervention présente l'effet escompté sur les régions appropriées du cerveau[78] ». Dans les rapports entre éducation et neurosciences cognitives, « les enseignants sont les premiers experts de la dynamique de la salle de classe, ils doivent aussi devenir des experts de la dynamique cérébrale[79]. » Cette assertion signifie-t-elle que les enseignants doivent appuyer leur pédagogie sur les sciences du cerveau ? En quoi consisterait un tel appui ?

Le neuroscientifique Olivier Houdé répond ainsi : « Pour l'essentiel, on peut considérer qu'il existe, chez l'adulte comme chez l'enfant, deux formes complémentaires d'apprentissages cognitifs : l'automatisation par la pratique [pour ancrer les habiletés] et le contrôle par l'inhibition [pour changer de stratégie cognitive][80]. » La première forme passe par la répétition et la mémorisation, la seconde par l'imagination, la capacité à changer cognitivement en inhibant les automatismes habituels. Sur le plan cérébral, elle va de la partie antérieure du cerveau à la partie postérieure, la seconde fait le trajet inverse. Les neurosciences montrent ainsi pratiquement comment les êtres humains peuvent à la fois être réguliers et changer, tenant ainsi les deux grandes facettes de la régulation du comportement humain dans nos sociétés individualistes de masse.

Pour montrer comment ces apprentissages fonctionnent concrètement (empiriquement), les neuroscientifiques montent des expériences en laboratoire en vue d'élaborer une pédagogie à base expérimentale. Par exemple, un dispositif expérimental avec trois groupes, chacun employant une stratégie d'apprentissage différente, montre que seul le contrôle par l'inhibition est efficace. L'imagerie cérébrale, avant l'emploi de la stratégie et après, montre « une spectaculaire reconfiguration – ou plasticité – de la partie postérieure du cerveau à sa partie antérieure ». « L'imagerie cérébrale a ainsi apporté la visualisation biologique de l'effet pédagogique testé en psychologie expérimentale du raisonnement ». De là, on pourrait développer une « pédagogie de l'inhibition [...] et du contrôle cognitif en général[81] ». L'auteur résume la contribution des neurosciences cognitives à l'éducation ainsi : « En apportant des indications précises sur les capacités et les contraintes du “cerveau qui apprend”, la psychologie et l'imagerie cérébrale peuvent aider à expliquer, au cas par cas, pourquoi certaines situations d'apprentissage sont efficaces, alors que d'autres ne le sont pas[82]. » Au cas par cas, c'est-à-dire de façon entièrement individualisée. Les neurosciences cognitives apporteraient ainsi un appui scientifique, fondé sur les preuves, aux pratiques d'individualisation de l'enfant : il y a un principe neuro-éducatif dans l'activation neuronale répétée qui accroît la plasticité synaptique, condition indispensable d'un bon apprentissage.

La neurobiologie confirme surtout l'efficacité des méthodes éducatives et rééducatives s'appuyant sur des pratiques d'entraînement pour augmenter la plasticité synaptique. Le cerveau de la plasticité cérébrale est plongé dans un environnement, il n'est pas une mécanique déterministe, mais une potentialité biologique à développer avec des pratiques d'informalisation et d'horizontalisation qu'incarne de façon exemplaire Céline Alvarez (l'alliance de Montessori et des neurosciences) et quelques autres.

Parallèlement, on a assisté au développement d'une relecture des pathologies mentales comme des « troubles du neurodéveloppement » (TND), dont l'autisme représente le type-idéal. Elle est devenue dominante dans la psychiatrie universitaire et dans l'administration de la santé. La HAS les définit ainsi : « Le neurodéveloppement recouvre l'ensemble des mécanismes qui, dès le plus jeune âge, et même avant la naissance, structurent la mise en place des réseaux du cerveau impliqués dans la motricité, la vision, l'audition, le langage ou les interactions sociales. Quand le fonctionnement d'un ou plusieurs de ces réseaux est altéré, certains troubles peuvent apparaître : troubles du langage, troubles des apprentissages, difficultés à communiquer ou à interagir avec l'entourage[83]. »

Le neurodéveloppement et ses troubles sont clairement référés à des dérèglements cérébraux.

La HAS a publié en 2020 des recommandations de bonne pratique pour les TND. Les troubles spécifiques de l'apprentissage et le TDA/H en font partie, mais également les troubles dits intériorisés (anxiété et dépression). Autrement dit, les TND recouvrent tout le spectre des pathologies mentales de l'enfant. Elles doivent faire l'objet d'« interventions à visée éducative et rééducative[84] ». Avec les troubles du spectre autistique (TSA), comme dans toutes les approches syndromiques, on sépare le trouble de la personne et de la personnalité : une personnalité normale avec un trouble circonscrit (mais avec des comorbidités). C'est cette séparation qui subordonne la thérapie à une conception éducative et rééducative et se concrétise en général par des pratiques diverses d'exercices (y compris sous la forme de jeux de rôles). Comme l'écrit l'équipe de Stanislas Dehaene, « il n'existe pas de traitement curatif pour les anomalies cérébrales qui sont au cœur de la dyslexie. Par contre, la rééducation intensive agit presque toujours avec succès[85] ». C'est le cœur de l'argument.

Sur le plan organisationnel, un secrétariat général aux TND est créé en 2018. Il doit « assurer le pilotage de la mise en œuvre, au niveau interministériel, de la nouvelle stratégie nationale, en veillant à la prise en compte des besoins spécifiques aux personnes autistes, dys, TDA/H, TDI. Il devra garantir le recours régulier à l'expertise et l'expérience des usagers, des professionnels et des scientifiques et coordonner le déploiement territorial de la stratégie[86] ». À côté, est créée la fonction de délégué interministériel à la stratégie nationale pour l'autisme au sein des troubles du neurodéveloppement. Un Conseil national des troubles du spectre autistique et des TND assure la présidence du secrétariat.

La HAS a donc adopté en 2024 une stratégie nationale 2023-2027 pour les troubles du neurodéveloppement. Ils sont listés : autisme, trouble dys, trouble déficit de l'attention avec ou sans hyperactivité (TDA/H), trouble du développement intellectuel (TDI). On ne parle plus de troubles psychiques, mais de troubles d'un cerveau en développement. La stratégie concerne autant la recherche (un institut de recherche sur le cerveau de l'enfant doit ouvrir en 2027) que l'accompagnement des familles (un guide pratique de guidance parentale doit sortir en 2025) ou des enfants (326 unités d'enseignement maternel autisme et 158 unités d'enseignement élémentaire autisme sont ouvertes depuis 2023)[87].

L'ascension des neurosciences cognitives dans les questions d'apprentissage : de l'intellectuel au cognitif

À côté des institutions de soins, l'école a été un des lieux de diffusion des neurosciences cognitives : ici, c'est l'apprentissage qui est la cible de la réflexion et de l'action.

Plusieurs rapports ont commencé à redéfinir les difficultés d'apprentissage comme des handicaps (il y eut également deux projets de loi en 1987 et en 1999). Ainsi, le rapport du Haut Conseil de la santé publique de mars 1999 commence par poser que « les troubles d'apprentissage sont le prélude à des échecs scolaires parfois irrémédiables, responsables d'une insertion sociale impossible ». Il poursuit en soulignant que

« ces troubles, bien reconnus de façon relativement récente par les professionnels spécialisés, sont méconnus d'une large partie des professionnels chargés de la santé et de l'éducation, et du grand public[88] ». Parmi les obstacles, « un besoin criant de formation des professionnels de l'enfance ». Concernant le dépistage, le rapport déplore que « les troubles dépistés restent souvent catégorisés de manière très globale sous des termes comme retard psychomoteur, troubles du développement, du comportement, du langage etc.[89] ». Cela signifie qu'ils ne sont pas circonscrits précisément, selon qu'ils concernent la lecture, l'écriture, l'orthographe, etc., de telle sorte que l'on puisse agir spécifiquement sur chacun d'entre eux.

C'est à ce « problème » que répond l'approche syndromique du *DSM*. La perspective est à l'opposé de celle, psychanalytique, de troubles évolutifs représentant des mécanismes de défense. Celle-ci se voit plutôt condamnée. Ainsi, concernant l'inadaptation des structures d'accueil, le rapport souligne notamment que « les enfants pourront être adressés à un centre médico-psycho-pédagogique (CMPP) où les consultations, souvent à visée psychothérapeutique, ne répondront pas forcément au problème, puisque dans la majorité des cas seul un bilan psychologique, à l'exclusion du bilan psychoneurologique, aura été demandé[90] ». Le rapport fait une promotion appuyée de la neuropsychologie, jusqu'alors très peu employée pour les enfants, selon les auteurs.

Le rapport de l'inspecteur général de l'Éducation nationale Jean-Charles Ringard, *À propos de l'enfant dysphasique et de l'enfant dyslexique*, remis en 2000 au ministère de l'Éducation nationale, inaugure des politiques publiques systématiquement conçues dans les termes d'un handicap, en l'occurrence cognitif, à prévenir et à traiter. À partir de ce rapport, il s'agit d'intégrer ces troubles et leur accompagnement dans l'institution scolaire. Il constate le foisonnement d'initiatives diverses, mais il déplore « l'état de la science » qui ne permet « actuellement pas de préconiser un modèle de prise en charge, l'ajustement des pratiques s'effectue souvent par tâtonnement ». C'est à ce problème que les neurosciences cognitives proposent d'apporter des réponses scientifiques, c'est-à-dire précisément basées sur « l'état de la science » et permettant de tirer des recommandations pratiques.

Le rapport Ringard considère ces problèmes comme « des inégalités en termes de droit à l'éducation et de droit à la santé ». Les recommandations s'inscrivent à la fois dans une politique éducative et dans une politique de santé publique. Il recommande de développer dès la maternelle des actions de prévention et de repérage des enfants à risque, de mieux diagnostiquer (par la création de réseaux de santé et de centres spécialisés agréés par l'assurance-maladie), d'améliorer la prise en charge, d'intensifier la formation des personnels de manière pluricatégorielle et pluridisciplinaire. Le rapport a été suivi d'un Plan d'action interministériel en 2001 relatif à la prise en charge des « troubles spécifiques du langage et des apprentissages », qui met notamment en place des consultations spécialisées en direction des enfants dys, les Centres référents pour les troubles du langage et des apprentissages (CRTLA), dans les CHU[91]. Reconnus en France depuis 2001 par les pouvoirs publics comme une pathologie cognitive, les troubles des apprentissages sont appréhendés comme un handicap cognitif auquel la loi de 2005 sur les personnes handicapées s'applique avec le principe de la scolarisation obligatoire des personnes.

Une circulaire de 2002, Éducation nationale, Santé, secrétariat d'État aux Personnes âgées et aux Personnes handicapées, décrit le plan d'action. Elle précise que les troubles des apprentissages « sont considérés comme primaires, c'est-à-dire que leur origine est supposée développementale, ils sont indépendants de l'environnement socioculturel d'une part, et d'une déficience avérée ou d'un trouble psychique d'autre part ». Le principe de libre choix des familles est réaffirmé « pour contourner les difficultés au lieu de les stigmatiser et d'en faire un point de blocage ou un facteur d'échec[92] ». L'approche psychothérapique, privilégiée par la plupart des équipes au sein des dispositifs de soutien, est fortement critiquée : négliger l'approche neurologique ou neuropsychologique retarderait les rééducations nécessaires. Le Comité national de soutien à la parentalité promeut une approche diagnostique et thérapeutique multidisciplinaire.

Ces changements se diffusent dans le contexte de modification des conceptions de l'apprentissage de la lecture. Dans les années 1970, la méthode syllabique, reposant sur le déchiffrage appuyé sur l'exercice et la répétition, était minoritaire, la méthode globale, faisant appel à la compréhension, se généralisait, et les méthodes mixtes dominaient. La circulaire du 3 janvier 2006, qui attaque la méthode globale et prescrit la méthode syllabique en CP, fait l'objet de vifs débats qui s'organisent selon la polarité déchiffrer-comprendre – les « antisyllabiques » se sont fortement mobilisés. La méthode du déchiffrage implique la valorisation des pratiques d'entraînement qui sont nouées aux neurosciences cognitives.

*

Nous avons décrit comment les nouveaux idéaux sociaux du pouvoir d'agir et de l'accomplissement personnel se trouvent progressivement imprégnés par une pluralisation normative consistant à reconfigurer de nombreuses conditions pathologiques en différences socialisables. La distance sociale entre le normal et l'anormal se trouve ainsi relativement estompée dans ce processus d'horizontalisation.

Dans ce cadre, le cerveau de la plasticité cérébrale est conçu comme le fondement biologique du récit positif de l'individu autonome, la psychanalyse en étant plutôt le récit inquiet. Car que nous dit ce cerveau de nous-mêmes sinon qu'il existe dans toute vie des défis qu'il faut affronter et que chacun peut connaître des accomplissements avec ce qui lui est donné[93] ?

À travers le cerveau, nous découvrons non seulement une forme de vie, particulière, mais également une civilisation, en général, un système d'idées-valeurs qui incite l'individu à découvrir ses forces dissimulées derrière le symptôme, la maladie ou le handicap. Le nouvel idéal n'est pas de se débarrasser de tout cela pour guérir, mais d'en faire un matériau pour une vie mesurée à l'aune de la capacité à être autonome.

Alors que la psychanalyse décèle des incertitudes nouvelles à se conduire par soi-même (à être suffisamment autonome), les neurosciences cognitives réintroduisent de la certitude ou du moins de la prévisibilité (*evidence-based*, fondée sur des preuves) dans un monde d'incertitudes. De plus, si la psychanalyse révèle à chacun ses limites, les neurosciences l'invitent plutôt à les dépasser. Avec la subordination de la psychanalyse par les neurosciences cognitives, le modèle expressif dans lequel le conflit et le symptôme sont au centre des pratiques, donc d'un certain type de subjectivité, décline au profit d'un modèle faisant appel à des pratiques d'exercice.

CONCLUSION

Quelle vue d'ensemble ?

Ce livre a développé l'hypothèse que nos sociétés individualistes sont confrontées à un changement d'ensemble des manières de faire société sous l'égide de la normativité croissante des idéaux d'autonomie. C'est dans ce contexte moral que la santé mentale est devenue un problème de santé publique majeur et que s'est multipliée l'offre de services ambulatoires, l'inclusion de l'enfant accompagné à l'école étant désormais la norme.

L'inconvénient des thèses du déclin est de se focaliser sur ce qui ne va pas au lieu de décrire ce qu'il se passe et de clarifier ce qui semble poser problème. La règle de l'autonomie s'accompagne certes de nouvelles formes d'aliénation et d'exploitation, mais ce n'est pas la question qui a été examinée. Nous avons adopté une approche descriptive en considérant les questions de santé mentale, de souffrance psychique, de changements dans les pathologies, etc., d'abord comme l'expression des tensions morales accompagnant nos nouvelles manières de penser et d'agir dans une société qui s'est, pour reprendre les concepts de Norbert Elias, « horizontalisée » et dont les pratiques de régulation se sont « informalisées ». L'attitude à l'égard de la contingence – ce qui échappe aux individus – existe dans toutes les sociétés humaines. La nôtre s'est concentrée sur les troubles de la socialisation individuelle qui ont pris une importance majeure avec l'autonomie normative. Il faut considérer cette attitude ni comme un bien ni comme un mal, mais comme un fait social. De ce point de vue, l'individualisme est une société comme une autre. Il est, pour rappeler l'expression de Durkheim, « d'institution sociale ».

Cette approche a consisté à développer une perspective sociohistorique sur l'autonomie : elle est partie de sa position subordonnée dans la hiérarchie des idéaux sociaux et a suivi sa lente ascension dans la société française jusqu'à aujourd'hui. Pour ce faire, nous avons considéré qu'il y a eu trois expressions de ce qui nous trouble dans l'enfant qui inquiète, l'inquiétude portant systématiquement sur sa socialisation. Nous les avons explorées à travers les trois figures de l'enfant déficient, expressif et acteur correspondant à trois moments de la modernité démocratique. La première a permis de décrire un premier moment de l'individualisme, attaché en valeur à la préservation de l'ordre social, mais qui progresse avec la IIIe République et la démocratisation de la société jusqu'au régime de Vichy. La seconde nous a montré une société française qui devient individualiste, de l'après-guerre aux années 1970, un individualisme expressif dans le contexte d'ascension des idéaux d'autonomie. La troisième a cristallisé un individualisme du pouvoir d'agir à mesure que l'autonomie devenait normative. L'intérêt de cette périodisation est de montrer que l'interdépendance sociale n'est pas perdue de vue, mais qu'elle occupe progressivement une position subordonnée en valeur à l'égard de l'indépendance des individus.

Le grand déplacement qui caractérise l'après-guerre est le passage de la correction de la volonté déficiente à la protection de la personnalité en développement, la différence adulte-enfant s'accentuant du fait que ce dernier est désormais considéré comme un être en constante évolution – la circulaire créant les intersecteurs de psychiatrie infanto-juvénile en 1972 le précise explicitement (voir chapitre 3). On assiste alors au déclin de l'approche formalisée au profit de la lente ascension du modèle de l'informalisation, l'offre de soins se déplaçant parallèlement de l'hôpital vers l'ambulatoire. Les pratiques qui entrent progressivement en usage sont cristallisées par la psychanalyse qui se diffuse pendant cette période et représente la référence intellectuelle essentielle fournissant son jeu de langage à ce nouvel esprit informalisé de l'intervention, une psychanalyse qui apparaît dans le cadre d'une approche globale de l'enfant supposant une équipe pluridisciplinaire. Voilà ce qui caractérise la première inflexion individualiste.

À partir des années 1980-1990, l'enfant devient un individu-acteur en ce qu'il possède désormais, comme l'a montré Alain Renault, des droits-liberté et non pas seulement des droits-protection. L'enfant a le droit d'exprimer son opinion, de faire des choix, etc. Cette nouvelle situation a suscité des débats sur la question des « limites » où sont intervenus autant les psychanalystes (inquiets) que les neuroscientifiques (optimistes). La question sous-jacente est : de quelle autonomie l'enfant a-t-il besoin ?

Ces changements se sont déroulés alors que la santé mentale devenait un problème de santé publique majeur à l'école. Le bien-être de l'enfant est promu comme *la* priorité et doit être intégré dans les préoccupations de l'éducation des enfants, d'autant plus qu'il conditionne largement leur réussite scolaire. Il est à la base de leur estime de soi, de leur confiance dans l'école et permet de développer les désormais indispensables compétences de savoir-être.

Si l'enfant déficient, qu'il soit anormal ou délinquant, doit voir sa volonté corrigée en étant retiré de la vie sociale ordinaire, l'enfant expressif a des choses à dire et doit être écouté et protégé et l'enfant acteur est à soutenir et à renforcer dans son pouvoir d'agir, éventuellement amoindri par des handicaps. Le modèle hiérarchique formalisé avait déjà été ébranlé dans le moment de l'enfant-individu expressif. Il est désormais entièrement subordonné à un modèle de l'autoresponsabilisation qui exige un haut niveau d'autocontrôle émotionnel pour s'accomplir dans la vie. Ses tensions se formulent dans le jeu de langage de la santé mentale, selon un axe qui va du négatif de la souffrance psychique au positif du bien-être et selon un mode d'intervention cherchant à jouer sur les capacités plutôt que de se concentrer sur les seuls handicaps.

Ce mode d'intervention a trouvé une figure d'identification dans l'autiste de haut niveau dont le cerveau plastique est moins déréglé que différent, incarnant de façon presque théâtrale la notion informalisée clé de compétence atypique, l'important étant l'accès à l'autonomie, à la capacité à se conduire par soi-même en société qui que l'on soit.

Ces évolutions illustrent de plus en plus clairement que l'enfant est perçu à partir de son potentiel d'expression et d'action, d'une différence qui tend à être valorisée positivement, mais aussi de l'indétermination et de la fragilité qui le caractérisent.

Cela ne signifie pas que l'ordre social ne compte plus, mais, comme on l'a détaillé au chapitre 4, que les dysfonctionnements de l'individu qui troublent la relation sociale ont désormais tendance à être traités dans le langage et les modes d'intervention de la santé mentale. Celle-ci nous aide à remplir nos rôles sociaux et à réguler socialement nos comportements

– elle y arrive plus ou moins bien, évidemment, et le manque de moyens est dénoncé de façon récurrente par les professionnels et les experts. La santé mentale se caractérise donc sociologiquement par le fait qu'elle a fait entrer les relations sociales dans le domaine de la santé. Elle constitue ainsi une réponse aux tensions morales de l'autonomie normative. Elle est l'expression d'une société qui s'horizontalise dans un rapport à l'avenir à la fois ouvert et incertain et agit de manière informalisée par la « contrainte de la non contrainte », selon l'expression si juste de Cas Wouters.

Il y a donc moins un déclin de l'institution qu'un changement global de l'esprit de l'institution dans une société où la normativité de l'autonomie, l'horizontalisation des relations, l'informalisation des interventions et le présentisme du temps font de la régulation individualisée des désordres de la socialisation une question majeure. Dans ce cadre, comme on l'a montré, la santé mentale représente l'attitude individualiste à l'égard de la contingence de la socialisation des individus. La spécificité de l'enfant par rapport à l'adulte est que cette attitude s'est progressivement concentrée sur le potentiel d'avenir devenu essentiel pour former l'adulte autonome que cet être en évolution permanente doit devenir.

Notes bibliographiques

INTRODUCTION
Quel regard sociologique ?

1. Le rapport du Haut Conseil de la famille, de l'enfance et de l'âge (HCFEA) de 2023, *Quand les enfants vont mal, comment les aider ?*, montre une crise structurelle de la pédopsychiatrie. Dans un avis publié en janvier 2025, le Comité consultatif national d'éthique pour les sciences de la vie et de la santé (CCNE), *Avis 147. Enjeux éthiques relatifs à la crise de la psychiatrie : une alerte du CCNE*, considère que la psychiatrie en général souffre d'une « crise d'une ampleur inédite ».
2. Je remercie Nicolas Marquis de m'avoir suggéré cette précision.
3. Sur les États-Unis, voir A. Hulbert, *Raising America. Experts, Parents and a Century of Advice about Children*, Vintage Books, 2003.
4. « Valeurs et objectifs du Conseil scientifique de l'éducation nationale », *Le Monde*, 27 juin 2024.
5. A. Milon, M. Amiel, *Mission d'information sur la situation de la psychiatrie des mineurs en France*, Sénat, 2016-2017, p. 21.
6. J.-C. Quentel, « L'autonomie de l'enfant en question », *Recherches en éducation*, 2014, 20, p. 23-32, p. 23.
7. P. Winch, « Understanding a primitive society », *American Philosophical Quarterly*, 1964, 1 (4), p. 321.

CHAPITRE 1

Santé mentale, individualisme, autonomie

1. N. Elias, « Préface », *in La Société des individus* (1989), Fayard, 1991, p. 32.
2. C. Vasseur, « La psychiatrie et la relation soignante », *Vie sociale et traitements*, 2003/3, 9, p. 22-24.
3. M. Gauchet, *La Religion dans la démocratie. Parcours de la laïcité*, Gallimard, 1998. Souligné par l'auteur.
4. Voir par exemple F. Guignard, « La psychanalyse de l'enfant dans la société occidentale d'aujourd'hui », *Le Journal des psychologues*, 2007/8, 251, p. 36-40.
5. A. Honneth, « Les maladies de la société. Approche d'un problème presque impossible », *Réseaux*, 2015/5, 193, p. 21-42.
6. C. Dejours, *Souffrance en France. La banalisation de l'injustice sociale*, Seuil, 1998.
7. M.-F. Hirigoyen, *Le Harcèlement moral. La violence perverse au quotidien*, La Découverte, 1998.
8. S. Morel, *La Médicalisation de l'échec scolaire*, La Dispute, 2014.
9. É. Durkheim, « La détermination du fait moral » (1906), *in Sociologie et philosophie*, présentation de B. Karsenti et préface C. Bouglé, PUF, 2014.
10. Sur ce point, voir A. Ehrenberg, « De l'autonomie comme aspiration à l'autonomie comme condition », *in La Société du malaise*, Odile Jacob, 2010, p. 189-219.
11. J.-F. Sirinelli, « Avant-propos », *in* J.-F. Sirinelli (dir.), *La France qui vient. Regards américains sur les mutations hexagonales*, CNRS Éditions, 2014, p. 9.
12. A. de Swaan, *The Management of Normality. Critical Essays in Health and Welfare*, Routledge, 1990.
13. P. Veltz, *Le Nouveau Monde industriel*, Gallimard, « Le Débat », édition revue et augmentée, 2000, p. 17. Souligné par l'auteur.
14. N. Elias, *Les Allemands*, Seuil, 1969. La notion d'informalisation a été minutieusement développée par C. Wouters, *Informalization. Manners and Emotions since 1890*, Sage, 2007.
15. C. Wouters, *ibid.*
16. N. Elias, *Les Allemands*, *op. cit.*, p. 57.
17. Voir P.-H. Castel, *Mais pourquoi psychanalyser les enfants ?*, Cerf, 2021.
18. E. Ortigues, « Qu'est-ce qu'une guérison rituelle » (1977), réédité dans *Le Temps de la parole. Et autres écrits sur l'humanité et la religion*, présenté par D. Berlioz, P. Lequellec-Wolff, J.-Y. Marquet, PUR, « Philosophica », 2012, p. 97-103 ; M. Houseman, « Vers un modèle anthropologique de la pratique psychothérapeutique », *Thérapie familiale*, 2003/3, 24, p. 289-312 ; P.-H. Castel, *Mais pourquoi psychanalyser les enfants ?*, *op. cit.* Pour les pratiques

cognitives-comportementales, A. Ehrenberg, « Les exercices de l'autonomie : des rituels individualistes pour refaire son être moral ? », *in La Mécanique des passions. Cerveau, comportement, société*, Odile Jacob, 2018, p. 211-258.

19. Cité par M. Houseman, « Vers un modèle anthropologique de la pratique psychothérapeutique », art. cit., p. 296.
20. S. Freud, « La morale sexuelle civilisée et la maladie nerveuse des temps modernes », 1908, *in La Vie sexuelle*, PUF, 1992.
21. Sur l'attitude à l'égard de la contingence, voir P. Winch, « Understanding a primitive society », art. cit.
22. M. Mauss, « L'expression obligatoire des sentiments », 1921, *Œuvres III*, Éditions de Minuit, 1969, p. 277-278.
23. *Ibid.*, p. 275.
24. J. Rabain, *L'Enfant du lignage. Du sevrage à la classe d'âge*, Payot, 1979.
25. *Ibid.*, p. 212.
26. Sur l'importance fondamentale des interprétations persécutives dans le lignage, voir E. et M.-C. Ortigues, *Œdipe africain*, L'Harmattan, 1984.
27. A. Zempleni, J. Rabain, « L'enfant *nit ku bon*. Un tableau psychopathologique traditionnel chez les Wolof et les Lebou du Sénégal », *Psychopathologie africaine*, 1965, I (3), p. 329-441.
28. E. Ortigues, « Qu'est-ce qu'une guérison rituelle », art. cit. ; pour la psychothérapie, M. Houseman, « Vers un modèle anthropologique de la pratique psychothérapeutique », art. cit. ; pour la psychanalyse, P.-H. Castel, *Mais pourquoi psychanalyser les enfants ?*, *op. cit.* ; pour le développement personnel, N. Marquis, *Du bien-être au marché du malaise. La société du développement personnel*, PUF, 2014.
29. E. Ortigues, « Qu'est-ce qu'une guérison rituelle ? », art. cit.
30. F. de Singly, *Comment aider l'enfant à devenir lui-même ? Guide de voyage à l'intention du parent*, Armand Colin, 2009.

CHAPITRE 2
L'enfant-individu déficient : un individualisme subordonné à l'ordre social

1. Alain Renault a synthétisé cette histoire qui relativise la thèse de l'inexistence du sentiment de l'enfance développée par Philippe Ariès. Voir A. Renault, *La Libération des enfants. Contribution philosophique à une histoire de l'enfance*, Calmann-Lévy, 2002, chapitre 1, première partie.
2. D. Ottavi, *De Darwin à Piaget. Pour une histoire de la psychologie de l'enfant*, CNRS Éditions, 2001.

3. C. Rollet-Échalier, *La Politique à l'égard de la petite enfance sous la IIIe République*, INED-PUF, 1990 ; M. Huteau, *Psychologie, psychiatrie et société sous la Troisième République. La biocratie d'Édouard Toulouse (1865-1947)*, L'Harmattan, 2002 ; J.-C. Coffin, « La psychiatrie de l'enfant en France, une affaire de l'État ? », *Revue d'histoire de l'enfance « irrégulière »*, 2016/1, 18, p. 81-96.
4. Cité dans D. Ottavi, *De Darwin à Piaget*, *op. cit.*, p. 5.
5. J. Donzelot, *La Police des familles*, Éditions de Minuit, 1977.
6. Voir P. Quincy-Lefebvre, « Le droit pénal et les âges de la vie », *Revue d'histoire de l'enfance « irrégulière »*, 2016/1, 18, p. 15-36. Voir également M. Becquemin, « Les variations de l'aide contrainte en protection de l'enfance. Éclairage socio-historique », *Empan*, 2013/1, 89, p. 26-31.
7. P. Quincy-Lefebvre, *ibid.*, p. 27.
8. F. Hartog, *Chronos. L'Occident aux prises avec le temps*, Gallimard, 2020, p. 205.
9. M. Foucault, *Surveiller et punir*, Gallimard, 1975.
10. J. Bourquin, « La difficile émergence de la notion d'éducabilité du mineur délinquant », *Revue d'histoire de l'enfance « irrégulière »*, 2007, hors-série, p. 111-127.
11. Cité par J.-J. Yvorel dans « Brève histoire de l'hébergement des mineurs de justice », *Les Cahiers dynamiques*, 2006/1, 37, p. 24-27, p. 24.
12. M. Gauchet, G. Swain, *La Pratique de l'esprit humain. L'institution asilaire et la révolution démocratique*, Gallimard, 1980.
13. Pour une synthèse, voir N. Catheline, *L'Enfant et la Médecine. Une histoire de la pédopsychiatrie (XIXe-XXe siècles)*, L'Harmattan, 2021.
14. Sur aliénation, idiotie, imbécillité, voir M. Gauchet, G. Swain, *La Pratique de l'esprit humain*, *op. cit.*
15. D. Ottavi, *De Darwin à Piaget*, *op. cit.*
16. J. Carroy, A. Ohayon, R. Plas, *Histoire de la psychologie en France, XIXe-XXe siècles*, La Découverte, 2006, p. 60.
17. Ribot cité *in ibid.*
18. J. Arveiller, « La loi de 1909 et l'instituteur spécialisé », *Les Sciences de l'éducation-Pour l'ère nouvelle*, 2009/1, 42, p. 119-142. Pour la genèse de la loi du 15 avril 1909 et les débats qui l'ont accompagnée, nous suivons l'article d'Arveiller.
19. Sur Bourneville, voir A. Barrandon, « La parenthèse médico-pédagogique : une tentative éphémère d'assistance de l'enfant aliéné à la fin du XIXe siècle », *Revue d'histoire du XXe siècle*, 2019/1, 58, p. 229-248.
20. E. Hello, « Les "classes spéciales d'anormaux" de la ville de Bordeaux (1900-1933) », *Revue d'histoire de l'enfance « irrégulière »*, 2021/1, 23, p. 67-85.

21. M. Vial, *Les Enfants anormaux à l'école. Aux origines de l'éducation spécialisée, 1882-1909*, Armand Colin, 1990.
22. A. Klein, « De Perray-Vaucluse à La Jemmerais », *Revue d'histoire de l'enfance « irrégulière »*, 2021/1, 23, p. 123-137.
23. Voir J. Arveiller, « La loi de 1909 et l'instituteur spécialisé », art. cit.
24. O. Béraud-Martin, « Le test Binet-Simon », *in* M. Fournier, R. Lécuyer (dir.), *L'Intelligence de l'enfant*, 2009, Éditions Sciences humaines, p. 57-66.
25. J. Carroy, A. Ohayon, R. Plas, *Histoire de la psychologie en France, XIXe-XXe siècles*, *op. cit.*, p. 125-128.
26. J. Bourquin, « La difficile émergence de la notion d'éducabilité du mineur délinquant », art. cit., p. 119.
27. É. Pierre, « La loi du 19 avril 1898 et les institutions », *Revue d'histoire de l'enfance « irrégulière »*, 1999, 2, p. 113-127, p. 124. Voir également, J. Bourquin, « René Bérenger et la loi du 19 avril 1898 sur les violences à enfants », *Revue d'histoire de l'enfance « irrégulière »*, 2007, hors-série, p. 141-150.
28. P. Quincy-Lefebvre, « Le droit pénal et les âges de la vie », art. cit., p. 27.
29. *Ibid.*, p. 29.
30. Sur la psychiatrie entre les deux guerres, voir I. von Bueltzingsloewen, « Réalités et perspectives de la médicalisation de la folie pendant l'entre-deux-guerres », *Genèse*, 2011/1, 82, p. 52-74.
31. Sur Édouard Toulouse, voir M. Huteau, *Psychologie, psychiatrie et société sous la Troisième République*, *op. cit.*, et sur Heuyer, E. Guey, S. Boussion, « Le fonds Georges Heuyer (1884-1977) : un XIXe siècle scientifique, à l'orée de la psychiatrie infantile et de ses ramifications », *Revue d'histoire de l'enfance « irrégulière »*, 2010/1, 12, p. 215-229.
32. J.-C. Coffin, « La psychiatrie de l'enfant en France, une affaire de l'État ? », art. cit. ; M. Gardet, « Face à la question sociale, la réponse médicale. De la psychiatrisation des écoliers et jeunes délinquants », *Revue d'histoire de l'enfance « irrégulière »*, 2016/1, 18, p. 253-274.
33. S. Boussion, « Le premier congrès international de Psychiatrie infantile (Paris, 1937), ou le baptême d'une spécialité ambitieuse », *Revue d'histoire de l'enfance « irrégulière »*, 2016/1, 18, p. 57-80, p. 71. Sur la guidance infantile aux États-Unis, voir G. Périssol, « La guidance du docteur Healy : modulation de la psychiatrie infantile ? », *Revue d'histoire de l'enfance « irrégulière »*, 2016/1, 18, p. 213-230.
34. Pour Freud, l'éducation devait prévenir l'éclosion des névroses. August Aichhorn, instituteur et psychanalyste, se spécialise dans l'enfance délinquante. Il publie *Jeunesse à l'abandon*, puis *Jeunes en souffrance* (préfacés par Freud et traduits en français en 1925). En 1924, un groupe se crée autour d'Anna Freud (institutrice), August Aichhorn, Erik Homburger (qui deviendra Erik Erikson) et René Spitz. Voir A. Ohayon, « Les premiers moments de la psychanalyse

d'enfant dans les années 1920 et 1930 », *Revue d'histoire de l'enfance « irrégulière »*, 2016/1, 18, p. 233-251, p. 241.
35. *Ibid.*, p. 246.
36. Voir A. Ohayon, « Psychanalyse et éducation : une histoire d'amour et de désamour. 1908-1968 », *Cliopsy*, 2009/1, 1, p. 25-40.
37. M. Gardet, « Face à la question sociale, la réponse médicale. De la psychiatrisation des écoliers et jeunes délinquants », art. cit.
38. *Ibid.*, p. 262.
39. E. Guey, S. Boussion, « Le fonds Georges Heuyer (1884-1977) : un XIXe siècle scientifique, à l'orée de la psychiatrie infantile et de ses ramifications », art. cit.
40. Cité par J.-C. Coffin, « La psychiatrie de l'enfant en France, une affaire de l'État ? », art. cit.
41. C. Rossignol, « Quelques éléments pour l'histoire du "Conseil technique de l'enfance déficiente et en danger moral" », *Revue d'histoire de l'enfance « irrégulière »*, 1998/1, 1, p. 21-39, p. 25.
42. *Ibid.*, p. 24.
43. C. Sanchez, « Les centres d'accueil et de triage de l'éducation surveillée. 1941-1950 », *Revue d'histoire de l'enfance « irrégulière »*, 1998/1, 1, p. 120-134.
44. C. Rossignol, « Quelques éléments pour l'histoire du "Conseil technique de l'enfance déficiente et en danger moral" », art. cit., p. 38.
45. *Ibid.*, p. 36.
46. A. Ohayon, *Psychologie et psychanalyse en France. L'impossible rencontre (1919-1969)* (1999), La Découverte, 2006, p. 255.
47. *Ibid.*

CHAPITRE 3

L'enfant-individu expressif : une première inflexion individualiste

1. G. Heuyer, « Avant-propos », *Revue de neuropsychiatrie infantile et d'hygiène mentale de l'enfance*, 1953, 1, reproduit dans « Avant-propos », *Neuropsychiatrie de l'enfance et de l'adolescence*, 2002, 50 (5), p. 304-305.
2. J. Bowlby, *Soins maternels et santé mentale. Rapport pour l'Organisation mondiale de la santé* (1950), p. 102, OMS, 2e édition, 1954, p. 68.
3. S. Hoffmann, *Sur la France*, Seuil, 1976, p. 39.
4. H. Mendras, *La Seconde Révolution française : 1965-1984*, Gallimard, 1988.
5. *Ibid.*, p. 55.
6. E. Morin, *Commune en France. La Métamorphose de Plozévet*, Fayard, 1967, p. 258.

7. A. Prost, « Frontières et espaces du privé », *in* P. Ariès, G. Duby (dir.), *Histoire de la vie privée*, vol. 5 : *De la Première Guerre mondiale à nos jours*, Seuil, 1999, p. 77.
8. E. Morin, *L'Esprit du temps*, Grasset, 1962, p. 179.
9. H. Mendras, *La Seconde Révolution française*, *op. cit.*, p. 115.
10. A. Touraine, *Le Communisme utopique. Le mouvement de mai 1968*, Seuil, 1968, p. 11.
11. S. Turkle, *La France freudienne*, Grasset, 1982, p. 267.
12. Robert Castel note en 1981 que « la vulgate psychanalytique est devenue le principal langage de base du codage psychologique de l'existence », *La Gestion des risques. De l'anti-psychiatrie à l'après-psychanalyse*, Éditions de Minuit, 1981, p. 159. Il ajoute : « Tantôt la science des experts, tantôt l'idiome de presque tout le monde, pour exprimer les difficultés relationnelles, les échecs scolaires ou les conflits conjugaux », p. 161.
13. G. Appell, « Un début de carrière », *Spirale*, 2003/1, 25, p. 17-38.
14. Sur l'importance de Myriam David, voir M. Becquemin, « Enjeux et mutations de la protection de l'enfance en France. Le rôle de Myriam David dans la prise en considération du psychisme de l'enfant (1950/1960) », *Cliopsy*, 2012/2, 8, p. 73-92.
15. J. Bowlby, *Soins maternels et santé mentale*, *op. cit.*, p. 68.
16. *Ibid.*, p. 69.
17. *Ibid.*, p. 94.
18. *Ibid.*, p. 102.
19. M. Bienne, « *"Les enfants terribles"*. La psychiatrie infantile au secours de la famille : la consultation du professeur Georges Heuyer en 1950 », *Revue d'histoire de l'enfance « irrégulière »*, 2004/1, 6, p. 69-90.
20. *Ibid.*
21. J.-C. Coffin, « La construction d'une identité professionnelle : l'exemple de la psychiatrie de l'enfant dans les années 1950 », *Revue d'histoire de l'enfance « irrégulière »*, 12, 2010/1, 12, p. 65-83. L'article décrit l'ancrage progressif et compliqué de la psychiatrie de l'enfant à partir des trois itinéraires de Louis le Guillant, Pierre Mâle et Serge Lebovici, le premier n'étant pas psychanalyste.
22. *Ibid.*
23. M. Bienne, « *"Les enfants terribles"*. La psychiatrie infantile au secours de la famille : la consultation du professeur Georges Heuyer en 1950 », art. cit.
24. *Ibid.*
25. C. Mauduit de Caussade, « Du dispensaire d'hygiène mentale au centre médico-psychologique pour enfants : une histoire des intersecteurs de pédopsychiatrie », *Enfances & Psy*, 2021, 88 (4), p. 14-23, p. 21. L'article décrit la genèse et les débats ayant accompagné et suivi sa publication.

26. Lire B. Blanchard, « Entretien avec Roger Misès », *Enfances & Psy*, 2010/3, 48, p. 144-156.
27. G. Périssol, « La guidance du docteur Healy : modulation de la psychiatrie infantile ? », art. cit. L'auteur approche cette histoire dans les termes deleuziens des sociétés de contrôle.
28. L. Gravière, « L'empirisme démocratique de Mary E. Richmond », *Vie sociale*, 2013/4, 4, p. 99-113.
29. *Ibid.*
30. L. Van Kessel, *La Supervision en France*, non daté (https://www.analysedes-pratiques.com/wp-content/uploads/2017/04/La-Supervision-en-France-Louis-van-Kessel.pdf).
31. J. Donzelot, *La Police des familles*, *op. cit.*, p. 188.
32. A. Ohayon, *Psychologie et psychanalyse en France. L'impossible rencontre (1919-1969)*, *op. cit.*, p. 289-294.
33. *Ibid.*, p. 291-292.
34. *Ibid.*, p. 292.
35. D. Buckle, S. Lebovici, *Les Centres de guidance infantile*, Monographie n° 43, OMS, 1958.
36. *Ibid.*, p. 26.
37. *Ibid.*, p. 9 et p. 11.
38. D. Anzieu, « La psychanalyse au service de la psychologie », *Nouvelle revue de psychanalyse*, 1979, 20, p. 59-75.
39. R. Castel, J.-F. Le Cerf, « Le phénomène "psy" et la société française. Vers une nouvelle culture psychologique », *Le Débat*, 1980/1, 1, p. 32-45, p. 34.
40. Cité par M. Calvez, *Le Handicap au prisme de la question de l'égalité*, 2017, p. 7-8 (https://shs.hal.science/halshs-01972702v1).
41. A. Math, É. Renaudat, « Développer l'accueil des enfants ou créer de l'emploi ? Une lecture de l'évolution des politiques en matière de mode de garde », *Recherches et Prévisions*, 1997, 49, p. 5-17, p. 7. Sur la politique d'accueil, voir notamment J. Fagnani, « La politique d'accueil de la petite enfance en France : ombres et lumières », *Travail, genre et société*, 2001/2, 6, p. 105-119.
42. L. Gavarini, *La Passion de l'enfant. Filiation, procréation et éducation à l'aube du XXIe siècle*, préface de J. Testard, Denoël, 2001.
43. *Ibid.*, p. 52.
44. J.-P. Jurmand, « De l'enfance irrégulière à l'enfance délinquante (1945-1950), itinéraire d'une pensée, naissance d'un modèle », *Revue d'histoire de l'enfance « irrégulière »*, 2000/1, 3, p. 179-206.
45. M. Chauvière, *Enfance inadaptée. L'Héritage de Vichy* suivi de *L'Efficace des années quarante*, Les Éditions ouvrières, 1980 ; L'Harmattan, 2009.
46. Cité *in ibid.*, p. 183-184.
47. D. Youf, « Quelle justice pour les mineurs ? », *Esprit*, janvier 2011/1, p. 30-48.

48. A. Ohayon, *Psychologie et psychanalyse en France. L'impossible rencontre (1919-1969)*, *op. cit.*, p. 295.
49. C. Toscani-Merle, « La construction de la profession de psychologue dans le champ de la Justice des mineurs », *Revue d'histoire de l'enfance « irrégulière »*, 2004/1, 6, p. 153-184. Elle donne l'exemple, exceptionnel à l'époque (et encore marginal aujourd'hui en France), d'un établissement pour mineurs fondé sur l'idée de *self-government.*
50. *Ibid.*, p. 178.
51. Pour tout ce qui suit, voir S. Boussion, « Éducateurs et éducatrices aux prises avec la distance à l'heure de la professionnalisation (années 1940-1960) », *Vie sociale*, 2022/3, 39, p. 33-46.
52. *Ibid.*, p. 38.
53. Sur les débats ayant accompagné la genèse de l'ordonnance, voir J. Bourquin, « Genèse de l'ordonnance du 23 décembre 1958 sur l'enfance en danger. La période 1942-1958 », *Revue d'histoire de l'enfance « irrégulière »*, 2007, hors-série, p. 154-164.
54. M. Eloi, « L'Aide sociale à l'enfance face aux violences (1960-2000). De la violence institutionnelle envers les familles à la sensibilité aux maltraitances infantiles », *in* D. Laforgue, C. Rostaing (dir.), *Violences et institutions. Réguler, innover, résister ?*, CNRS Éditions, 2011, p. 81-97.
55. M. Becquemin, « Les variations de l'aide contrainte en protection de l'enfance. Éclairage socio-historique », art. cit.
56. J. Constant, « Pédopsychiatrie et handicap. Réflexions sur cinquante ans de changements », *Annales médico-psychologiques*, 2022, 180 (10), p. 1034-1038.

CHAPITRE 4

L'enfant-individu acteur : une seconde inflexion individualiste

1. A. Rothstein, « Mental disorder or neurodiversity ? », *The New Atlantis*, 2012, 36, p. 99-115, p. 112.
2. Sur cette question, voir P.-H. Castel, *La Métamorphose impensable. Essai sur le transsexualisme et l'identité personnelle*, Gallimard, 2003.
3. A. Renault, *La Libération des enfants*, *op. cit.* La première Déclaration des droits de l'enfant, adoptée par les Nations unies, à l'unanimité de ses 78 pays membres le 20 novembre 1959, énonce en 10 principes permettant « une enfance heureuse », considérant que « l'humanité se doit de donner à l'enfant le meilleur d'elle-même ». Elle précise également en préambule qu'« en raison de son manque de maturité physique et intellectuelle, l'enfant a besoin d'une

protection spéciale et de soins spéciaux, notamment d'une protection juridique appropriée, avant comme après la naissance ».

4. A. Renault, *La Libération des enfants*, *op. cit.*, p. 388.
5. Unicef, « Le droit à la participation des enfants dans le monde » (https://www.unicef.fr/convention-droits-enfants/inclusion-sociale/participation-des-enfants-et-des-jeunes-monde/).
6. M. Becquemin, M. Chauvière, « L'enfance en danger : genèse et évolution d'une politique de protection », *Enfances & Psy*, 2013/3, 60, p. 16-27, p. 23.
7. *Ibid.*, p. 25.
8. F. Hartog, *Chronos*, *op. cit.*, p. 276 et p. 287.
9. Santé publique France, « Santé mentale : premiers résultats de l'étude Enabee, chez les enfants de 6 à 11 ans scolarisés du CP au CM2 », juin 2023 (https://www.santepubliquefrance.fr/presse/2023/sante-mentale-premiers-resultats-de-l-etude-enabee-chez-les-enfants-de-6-a-11-ans-scolarises-du-cp-au-cm2).
10. Voir A. Ehrenberg, *La Mécanique des passions*, *op. cit.*
11. N. Catheline, « Projet pour le CMP de demain. L'évolution nécessaire des CMP pour la psychiatrie de demain de l'enfant et de l'adolescent », *Nouvelle psychiatrie de l'enfance et de l'adolescence*, 2018, 66 (7-8), p. 401.
12. A. Milon, M. Amiel, *Mission d'information sur la situation de la psychiatrie des mineurs en France*, *op. cit.*
13. Établissements médico-sociaux chargés de la prise en charge précoce des problèmes de handicap chez les enfants âgés de 0 à 6 ans présentant des difficultés ou des retards dans leur développement.
14. Cour des comptes, *La Pédopsychiatrie. Un accès et une offre de soins à réorganiser*, Communication à la commission des affaires sociales de l'Assemblée nationale, mars 2023, p. 14.
15. A. Milon, M. Amiel, *Mission d'information sur la situation de la psychiatrie des mineurs en France*, *op. cit.*
16. B. Cyrulnik (dir.), *Les 1000 premiers jours. Là où tout commence*, Rapport de la commission des 1000 premiers jours, septembre 2020, p. 12.
17. https://www.ac-dijon.fr/une-ecole-qui-protege-et-assure-l-epanouissement-des-eleves-129336.
18. M. R. Moro, J.-L. Brison, *Mission bien-être et santé des jeunes*, novembre 2016, p. 20 (https://www.education.gouv.fr/mission-bien-etre-et-sante-des-jeunes-6518).
19. *Ibid.*, p. 13. Souligné dans le rapport.
20. *Ibid.*, p. 37.
21. Groupe d'appui à la protection de l'enfance, *Projet pour l'enfant*, 2023.
22. Voir pour une synthèse, par exemple, N. Catheline, « Prévenir le harcèlement en milieu scolaire : un enjeu de santé mentale », *Rhizome*, 2020/4, 78, p. 4-5. « Les statistiques du ministère de l'Éducation nationale de 2017 relèvent qu'en France 700 000 élèves ont été victimes de harcèlement (14 % en primaire,

12 % au collège, 2 à 3 % au lycée). À partir du collège, avec l'apparition de la puberté, les adolescents sont confrontés à l'émergence de la sexualité génitale, au deuil des parents et à des remaniements subjectifs profonds incluant une crise identitaire et un remaniement des instances psychiques. Ces bouleversements subjectifs fragilisent les assises narcissiques des sujets et, de ce fait, favorisent les phénomènes de harcèlement », C. Monneret, « Le harcèlement scolaire, "une haine narcissique" », *Enfances & Psy*, 2019/2, 82, p. 139-147.

23. Voir, par exemple, le rapport de C. Bousquet-Bérard, A. Pascale, *Enfants et écrans. À la recherche du temps perdu*, 30 avril 2024 (https://www.vie-publique.fr/rapport/293978-exposition-des-enfants-aux-ecrans-rapport-au-president-de-la-republique).
24. Sur le couple résilience/potentiel dans les ouvrages de développement personnel que Boris Cyrulnik incarne, voir N. Marquis, *Du bien-être au marché du malaise*, *op. cit.*
25. Pour une comparaison de l'usage de cette catégorie au Danemark et en France, voir N. Marquis *et al.*, « Intervenir sur le "potentiel caché" des enfants. Une perspective sociologique et comparative », *L'Information psychiatrique*, 2021/10, 97, p. 887-894.
26. *Avis relatif à la définition de la parentalité et du soutien à la parentalité*, Comité national de soutien à la parentalité, avis du 10 novembre 2011 (https://sante.gouv.fr/IMG/pdf/avisdefinition_CNSP_10_11_2011.pdf).
27. J. Donzelot, P. Estèbe, *L'État animateur. Essai sur la politique de la ville*, Éditions Esprit, 1994.
28. F. de Singly, *Le Soi, le Couple et la Famille*, Armand Colin, 1996.
29. I. Théry, « Nouveaux droits de l'enfant, la potion magique ? », *Esprit*, mars-avril 1992, 180, p. 5-31, p. 30.
30. J.-L. Bianco, P. Lamy, *L'Aide à l'enfance demain : contribution à une politique de réduction des inégalités. Étude RCB, rapport et annexes*, 1980 (https://documentation.insp.gouv.fr/insp/doc/SYRACUSE/123374/l-aide-a-l-enfance-demain-contribution-a-une-politique-de-reduction-des-inegalites-etude-rcb-rapport?_lg=fr-FR).
31. C. Martin, *La Parentalité en questions, perspectives sociologiques. Rapport pour le Haut Conseil de la population et de la famille*, avril 2003, p. 11 (https://www.vie-publique.fr/rapport/26121-la-parentalite-en-questions-perspectives-sociologiques-rapport-pour-l). Pour une vue d'ensemble voir C. Martin (dir.), *« Être un bon parent ». Une injonction contemporaine*, Presses de l'EHSP, 2014.
32. Haut Conseil à la famille, *Les Politiques de soutien à la parentalité*, avis et rapport adoptés par consensus le 22 septembre 2016 (https://www.vie-publique.fr/rapport/37376-les-politiques-de-soutien-la-parentalite).
33. *Ibid.*, p. 41.

34. A. Campéon, D. Keppens, C. Rothé, « Une mise en œuvre du soutien à la parentalité dans des réseaux d'écoute, d'appui et d'accompagnement des parents en France », *in* C. Martin (dir.), *« Être un bon parent »*, *op. cit.*, p. 167-170.
35. M. Boucher *et al.*, *Les Modes d'intervention psycho-socio-éducatifs de « soutien à la fonction parentale » dans les milieux populaires*, ONED, mai 2011.
36. A. Béliard *et al.*, « Enfants agités, familles bouleversées. Enjeux et usages familiaux du diagnostic de TDA/H », *Sciences sociales et santé*, 2019/1, 37, p. 5-29, p. 14.
37. J. Jupille, « De "coupables" à "victimes actives". Enjeux pour les familles d'un diagnostic de TDA/H », *Socio-logos*, 2014, vol. 9.
38. B. Chamak, « L'autisme dans un service de pédopsychiatrie », *Ethnologie française*, 2009/3, 39, p. 425-433.
39. C. Meadel, « Le spectre "psy" réordonné par des parents d'enfant autiste. L'étude de discussion d'un cercle électronique », *Politix*, 2006, 1 (73), p. 57-82.
40. B. Blanchard, « Entretien avec Roger Misès », art. cit.
41. *Ibid.*
42. A. Lazartigues, « La famille contemporaine "fait"-elle de nouveaux enfants ? », *Neuropsychiatrie de l'enfance et de l'adolescence*, 2001, 49 (4), p. 264-276, p. 265.
43. C. Frisch-Desmarez, « Troubles narcissiques liés aux difficultés d'apprentissage chez l'enfant », *Enfances & Psy*, 2005/3, 28, p. 87-97, p. 88.
44. C. Hoffmann, « Les nouvelles demandes des adolescents entre désirs, pulsions, jouissances et limites », *Enfances & Psy*, 2011/3, 52, p. 101-108, p. 106-107.
45. B. Golse, « Les états-limites chez l'enfant et l'adolescent », *Adolescence*, 2015/4, 33 (4), p. 771-778, p. 774. Voir également R. Misès, « Les pathologies limites de l'enfance », *in* S. Lebovici, R. Diatkine, M. Soulé (dir.), *Nouveau traité de psychiatrie de l'enfant et de l'adolescent*, PUF, 2004, p. 1347-1362.
46. M. Corcos, C. Lamas, « Fonctionnement limite à l'adolescence : psychopathologie et clinique psychodynamique », *L'Information psychiatrique*, 2016/1, 92, p. 15-22, p. 16.
47. J.-J. Baranes, J.-F. Rabain, « Argument », *Revue française de psychanalyse*, 1990, 54 (2), p. 7-12.
48. P. Jeammet, « Comment comprendre les pathologies mentales de l'adolescence », 19 octobre 2007 (https://www.yapaka.be/actualite/comment-comprendre-les-pathologies-mentales-de-ladolescence).
49. F. Guignard, « Mais où sont les neiges d'antan ? », *Revue française de psychanalyse*, 2006/5, 70, p. 1475-1481.
50. J. Renier, H. Schrod, « L'enfant roi et sa famille, l'enfant tyran et sa famille, leurs environnements », *Thérapie familiale*, 2008/1, 29, p. 103-118.
51. *Ibid.*, p. 104.

52. M. Gauchet, « L'enfant du désir », *Le Débat*, 2004/5, 132, p. 98-121.
53. J.-P. Lebrun, « Des incidences de la mutation du lien social sur l'éducation », *Le Débat*, 2004/5, 132, p. 151-176, p. 154 et p. 157.
54. D. Pleux, *De l'enfant roi à l'enfant tyran*, Odile Jacob, 2002, 4e de couverture.
55. F. Guignard, « La psychanalyse de l'enfant dans la société occidentale d'aujourd'hui », art. cit., p. 34.
56. I. Théry, *Le Démariage*, Odile Jacob, 1993.
57. I. Théry, « Nouveaux droits de l'enfant, la potion magique ? », art. cit.
58. B. Chamak, « Modifications des représentations sociales de l'autisme et introduction du concept "*autism-friendly*" », *Enfances & Psy*, 2018/4, 80, p. 63-73.
59. B. Chamak, « Les transformations des représentations de l'autisme et de sa prise en charge : le rôle des associations en France », *Cahiers de recherche sociologique*, 2005, 41-42, p. 169-190.
60. B. Evans, « How autism became autism : The radical transformation of a central concept of child development on Britain », *History of the Human Sciences*, 2013, 26 (3), p. 3-31.
61. *Ibid.*, p. 17.
62. L. Wing et J. Gould, cité par B. Evans, *ibid.*, p. 23, p. 26.
63. Je reprends dans ce paragraphe des éléments développés dans *La Mécanique des passions*, *op. cit.*, chapitre 1 : « Des cerveaux exemplaires. Des malheurs du sujet pratique à l'héroïsme du potentiel caché », p. 25-68.
64. O. Sacks, *Un anthropologue sur Mars. Sept histoires paradoxales*, Seuil, 1996, p. 21.
65. *Ibid.*, p. 16-17.
66. L. S. Jacyna, S. T. Casper (dir.), « Introduction », *The Neurological Patient in History*, University of Rochester Press, 2012, p. 11.
67. HAS, *Trouble du neurodéveloppement. Repérage et orientation des enfants à risque*, 17 mars 2020, p. 7.
68. T. Grandin, *Emergence. Labeled Autistic*, Arena Press, 1986 ; tr. fr. *Ma vie d'autiste*, Odile Jacob, 1994. Le livre sort au États-Unis peu de temps avant *Rain Man* (1988), film qui met en scène le cas d'un autiste de haut niveau, c'est-à-dire caractérisé par un déficit de compétences sociales et l'hypertrophie d'une compétence particulière.
69. Cité par I. Hacking, « Autistic autobiography », *Philosophical Transactions of the Royal Society B*, 2009, 364 (1522), p. 1467-1473, p. 1469.
70. O. Sacks, *Un anthropologue sur Mars*, *op. cit.*, p. 406, souligné par moi.
71. « Reflétant ce paradoxe, Dekker propose une "utopie autistique" dans laquelle la société serait "organisée autour de l'individu" », L. Van Goidsenhoven, A. Masschelein, « Posting autism. Online self-representation strategies in Tistje, a Flemish blog on "Living on the spectrum from the front row" », *in* K. Ellis, M. Kent (dir.), *Disability and Social Media. Global Perspectives*, Routledge,

2016, p. 255-273. La plupart des mouvements d'autosupport sont situés en Grande-Bretagne et aux États-Unis. A. Idoux-Thivet, http://ecouterlautisme.blogspot.fr. Voir également J. Davidson, « Autistic culture online : Virtual communication and cultural expression on the spectrum », *Social and Cultural Geography*, 2008, 9 (7), p. 791-806.

72. T. Grandin, R. Panek, *The Autistic Brain. Thinking Across the Spectrum*, Hougton Mifflin Harcourt, 2013, p. 204 ; tr. fr. *Dans le cerveau des autistes*, Odile Jacob, 2014, p. 230.
73. Pour une analyse des significations et emplois du concept en biologie et psychologie, voir D. Forest, *Neuroscepticisme. Les sciences du cerveau sous le scalpel de l'épistémologue*, Ithaque, 2014, p. 106-116.
74. C. Gueguen, *Pour une enfance heureuse. Repenser l'éducation à la lumière des dernières découvertes sur le cerveau*, Robert Laffont, 2014. C. Alvarez, *Les Lois naturelles de l'enfant*, Les Arènes, 2016.
75. Article de C. Lelièvre, sur le site Les pros de la petite enfance, 11 février 2016 (https://lesprosdelapetiteenfance.fr/vie-professionnelle/biblio-pro/pour-une-enfance-heureuse).
76. C. Alvarez, https://www.celinealvarez.org/le-materiel-didactique-pour-demarrer.
77. M. Ferrari, « What can neuroscience bring to education ? », *Educational Philosophy and Theory*, 2011, 43 (1), p. 31-36, p. 33.
78. S. Dehaene (dir.), *Apprendre à lire. Des sciences cognitives à la salle de classe*, Odile Jacob, 2011, p. 103.
79. *Ibid.*, p. 10.
80. O. Houdé, « Imagerie cérébrale, cognition et pédagogie », *Médecine/sciences*, 2011, 27 (5), p. 535-539, p. 535.
81. *Ibid.*, p. 535.
82. *Ibid.*, p. 538.
83. HAS, *La Stratégie nationale autisme et troubles du neurodéveloppement (2018-2022)*, 16 mars 2021.
84. HAS, *Troubles du neurodéveloppement. Repérage et orientation des enfants à risques, recommandation de bonnes pratiques*, 17 mars 2020. « Chez les enfants pour lesquels un TND est fortement suspecté par l'examen clinique et les tests de repérage, il est recommandé de mettre en place une guidance parentale et de prescrire le plus précocement possible les interventions à visée éducative et rééducative. » L'arrêté du 10 mars, publié au Journal officiel du 4 avril, définit, entre autres, le rôle du psychologue et les approches recommandées au sein des plateformes de coordination et d'orientation (PCO).
85. S. Dehaene (dir.), *Apprendre à lire*, *op. cit.*, p. 57.
86. HAS, *La Délégation interministérielle à la stratégie nationale pour les troubles du neurodéveloppement : autisme, dys, TDA/H, TDI*, 19 juillet 2021.

87. Délégation interministérielle à la stratégie nationale pour les TND, *Premier anniversaire de la stratégie nationale pour les troubles du neurodéveloppement 2023-2027*, novembre 2024.
88. L. Vaivre-Douret, A. Turz (coor.), « Les troubles d'apprentissage chez l'enfant. Un problème de santé publique ? », *ADSP*, 1999, 26, p. 23-66, p. 23.
89. *Ibid.*, p. 26.
90. *Ibid.*, p. 28.
91. « Logique pathologique française », voir M. Woollven, « Enseigner la lecture et soigner ses troubles. L'intervention publique en France et au Royaume-Uni », *Revue internationale de politique comparée*, 2011/4, 18, p. 47-59, p. 53.
92. A. C. Rousseau-Giral *et al.*, « Enquête sur le rôle des dispositifs médico-social, sanitaire et pédagogique dans la prise en charge des troubles complexes du langage », *IGAS/IGEN*, 2002, 2002-004, p. 3.
93. « Le regard sur la dyslexie change : longtemps perçue comme un trouble, elle est de plus en plus envisagée comme une divergence neurologique », G. Faure, « Dyslexie : et si c'était une ressource ? », *Sciences humaines*, 2023/5, 358, p. 44-47.

Bibliographie

C. Alvarez, *Les Lois naturelles de l'enfant*, Les Arènes, 2016.

D. Anzieu, « La psychanalyse au service de la psychologie », *Nouvelle revue de psychanalyse*, 1979, 20, p. 59-75.

G. Appell, « Un début de carrière », *Spirale*, 2003/1, 25, p. 17-38.

J. Arveiller, « La loi de 1909 et l'instituteur spécialisé », *Les Sciences de l'éducation-Pour l'ère nouvelle*, 2009/1, 42, p. 119-142.

J.-J. Baranes, J.-F. Rabain, « Argument », *Revue française de psychanalyse*, 1990, 54 (2), p. 7-12.

A. Barrandon, « La parenthèse médico-pédagogique : une tentative éphémère d'assistance de l'enfant aliéné à la fin du XIXe siècle », *Revue d'histoire du XXe siècle*, 2019/1, 58, p. 229-248.

M. Becquemin, « Enjeux et mutations de la protection de l'enfance en France. Le rôle de Myriam David dans la prise en considération du psychisme de l'enfant (1950/1960) », *Cliopsy*, 2012/2, 8, p. 73-92.

M. Becquemin, « Les variations de l'aide contrainte en protection de l'enfance. Éclairage sociohistorique », *Empan*, 2013/1, 89, p. 26-31.

M. Becquemin, M. Chauvière, « L'enfance en danger : genèse et évolution d'une politique de protection », *Enfances & Psy*, 2013/3, 60, p. 16-27.

A. Béliard *et al.*, « Enfants agités, familles bouleversées. Enjeux et usages familiaux du diagnostic de TDA/H », *Sciences sociales et santé*, 2019/1, 37, p. 5-29.

O. Béraud-Martin, « Le test Binet-Simon », *in* M. Fournier, R. Lécuyer (dir.), *L'Intelligence de l'enfant*, 2009, Éditions Sciences humaines, p. 57-66.

M. Bienne, « *"Les enfants terribles"*. La psychiatrie infantile au secours de la famille : la consultation du professeur Georges Heuyer en 1950 », *Revue d'histoire de l'enfance « irrégulière »*, 2004/1, 6, p. 69-90.

B. Blanchard, « Entretien avec Roger Misès », *Enfances & Psy*, 2010/3, 48, p. 144-156.

M. Boucher *et al.*, *Les Modes d'intervention psycho-socio-éducatifs de « soutien à la fonction parentale » dans les milieux populaires*, ONED, mai 2011.

J. Bourquin, « La difficile émergence de la notion d'éducabilité du mineur délinquant », *Revue d'histoire de l'enfance « irrégulière »*, 2007, hors-série : *Pages d'histoire, la protection judiciaire des mineurs, XIXe-XXe siècles*, p. 111-127.

J. Bourquin, « René Bérenger et la loi du 19 avril 1898 sur les violences à enfants », *Revue d'histoire de l'enfance « irrégulière »*, 2007, hors-série : *Pages d'histoire, la protection judiciaire des mineurs, XIXe-XXe siècles*, p. 141-150.

J. Bourquin, « Genèse de l'ordonnance du 23 décembre 1958 sur l'enfance en danger. La période 1942-1958 », *Revue d'histoire de l'enfance « irrégulière »*, 2007, hors-série : *Pages d'histoire, la protection judiciaire des mineurs, XIXe-XXe siècles*, p. 151-164.

C. Bousquet-Bérard, A. Pascale, *Enfants et écrans. À la recherche du temps perdu*, 30 avril 2024 (https://www.vie-publique.fr/rapport/293978-exposition-des-enfants-aux-ecrans-rapport-au-president-de-la-republique).

S. Boussion, « Éducateurs et éducatrices aux prises avec la distance à l'heure de la professionnalisation (années 1940-1960) », *Vie sociale*, 2022/3, 39, p. 33-46.

S. Boussion, « Le premier congrès international de Psychiatrie infantile (Paris, 1937), ou le baptême d'une spécialité ambitieuse », *Revue d'histoire de l'enfance « irrégulière »*, 2016/1, 18, p. 57-80.

J. Bowlby, *Soins maternels et santé mentale. Rapport pour l'Organisation mondiale de la santé* (1950), p. 102, OMS, 2e édition, 1954, p. 68.

D. Buckle, S. Lebovici, *Les Centres de guidance infantile*, Monographie n° 43, OMS, 1958.

I. von Bueltzingsloewen, « Réalités et perspectives de la médicalisation de la folie pendant l'entre-deux-guerres », *Genèse*, 2011/1, 82, p. 52-74.

M. Calvez, *Le Handicap au prisme de la question de l'égalité*, 2017, p. 7-8 (https://shs.hal.science/halshs-01972702v1).

A. Campéon, D. Keppens, C. Rothé, « Une mise en œuvre du soutien à la parentalité dans des réseaux d'écoute, d'appui et d'accompagnement des parents en France », *in* C. Martin (dir.), *« Être un bon parent ». Une injonction contemporaine*, Presses de l'EHSP, 2014, p. 167-170.

J. Carroy, A. Ohayon, R. Plas, *Histoire de la psychologie en France, XIXe-XXe siècles*, La Découverte, 2006.

P.-H. Castel, *La Métamorphose impensable. Essai sur le transsexualisme et l'identité personnelle*, Gallimard, 2003.

P.-H. Castel, *Mais pourquoi psychanalyser les enfants ?*, Cerf, 2021.

R. Castel, *La Gestion des risques. De l'anti-psychiatrie à l'après-psychanalyse*, Éditions de Minuit, 1981.

R. Castel, J.-F. Le Cerf, « Le phénomène "psy" et la société française. Vers une nouvelle culture psychologique », *Le Débat*, 1980/1, 1, p. 32-45.

N. Catheline, « Projet pour le CMP de demain. L'évolution nécessaire des CMP pour la psychiatrie de demain de l'enfant et de l'adolescent », *Nouvelle psychiatrie de l'enfance et de l'adolescence*, 2018, 66 (7-8), p. 401.

N. Catheline, « Prévenir le harcèlement en milieu scolaire : un enjeu de santé mentale », *Rhizome*, 2020/4, 78, p. 4-5.

N. Catheline, *L'Enfant et la Médecine. Une histoire de la pédopsychiatrie (XIXe-XXe siècles)*, L'Harmattan, 2021.

B. Chamak, « Les transformations des représentations de l'autisme et de sa prise en charge : le rôle des associations en France », *Cahiers de recherche sociologique*, 2005, 41-42, p. 169-190.

B. Chamak, « L'autisme dans un service de pédopsychiatrie », *Ethnologie française*, 2009/3, 39, p. 425-433.

B. Chamak, « Modifications des représentations sociales de l'autisme et introduction du concept "*autism-friendly*" », *Enfances & Psy*, 2018/4, 80, p. 63-73.

M. Chauvière, *Enfance inadaptée. L'Héritage de Vichy* suivi de *L'Efficace des années quarante*, Les Éditions ouvrières, 1980 ; L'Harmattan, 2009.

J.-C. Coffin, « La construction d'une identité professionnelle : l'exemple de la psychiatrie de l'enfant dans les années 1950 », *Revue d'histoire de l'enfance « irrégulière »*, 2010/1, 12, p. 65-83.

J.-C. Coffin, « La psychiatrie de l'enfant en France, une affaire de l'État ? », *Revue d'histoire de l'enfance « irrégulière »*, 2016/1, 18, p. 81-96.

Comité national de soutien à la parentalité, *Avis relatif à la définition de la parentalité et du soutien à la parentalité*, 10 novembre 2011 (https://sante.gouv.fr/IMG/pdf/avisdefinition_CNSP_10_11_2011.pdf).

J. Constant, « Pédopsychiatrie et handicap. Réflexions sur cinquante ans de changements », *Annales médico-psychologiques*, 2022, 180 (10), p. 1034-1038.

M. Corcos, C. Lamas, « Fonctionnement limite à l'adolescence : psychopathologie et clinique psychodynamique », *L'Information psychiatrique*, 2016/1, 92, p. 15-22.

B. Cyrulnik (dir.), *Les 1000 premiers jours. Là où tout commence*, Rapport de la commission des 1000 premiers jours, septembre 2020.

J. Davidson, « Autistic culture online : Virtual communication and cultural expression on the spectrum », *Social and Cultural Geography*, 2008, 9 (7), p. 791-806.

S. Dehaene (dir.), *Apprendre à lire. Des sciences cognitives à la salle de classe*, Odile Jacob, 2011.

C. Dejours, *Souffrance en France. La banalisation de l'injustice sociale*, Seuil, 1998.

J. Donzelot, *La Police des familles*, Éditions de Minuit, 1977.

J. Donzelot, P. Estèbe, *L'État animateur. Essai sur la politique de la ville*, Éditions Esprit, 1994.

É. Durkheim, « La détermination du fait moral » (1906), *in Sociologie et philosophie*, présentation de B. Karsenti et préface C. Bouglé, PUF, 2014.

A. Ehrenberg, *La Société du malaise*, Odile Jacob, 2010.

A. Ehrenberg, *La Mécanique des passions. Cerveau, comportement, société*, Odile Jacob, 2018.

C. Ehrenberg, C. Salvan, « "L'ennui c'est qu'ils ne savent pas jouer" : les enfants agités en mal de latence », *Neuropsychiatrie de l'Enfance et de l'Adolescence*, 2010, 58 (1-2), p. 64-71.

N. Elias, *Les Allemands*, Seuil, 1969.

N. Elias, *La Société des individus* (1989), Fayard, 1991.

M. Eloi, « L'Aide sociale à l'enfance face aux violences (1960-2000). De la violence institutionnelle envers les familles à la sensibilité aux maltraitances infantiles », *in* D. Laforgue, C. Rostaing (dir.), *Violences et institutions. Réguler, innover, résister ?*, CNRS Éditions, 2011, p. 81-97.

B. Evans, « How autism became autism : The radical transformation of a central concept of child development on Britain », *History of the Human Sciences*, 2013, 26 (3), p. 3-31.

J. Fagnani, « La politique d'accueil de la petite enfance en France : ombres et lumières », *Travail, genre et société*, 2001/2, 6, p. 105-119.

G. Faure, « Dyslexie : et si c'était une ressource ? », *Sciences humaines*, 2023/5, 358, p. 44-47.

M. Ferrari, « What can neuroscience bring to education ? », *Educational Philosophy and Theory*, 2011, 43 (1), p. 31-36.

D. Forest, *Neuroscepticisme. Les sciences du cerveau sous le scalpel de l'épistémologue*, Ithaque, 2014.

M. Foucault, *Surveiller et punir*, Gallimard, 1975.

S. Freud, « La morale sexuelle civilisée et la maladie nerveuse des temps modernes » (1908), *in La Vie sexuelle*, PUF, 1992.

C. Frisch-Desmarez, « Troubles narcissiques liés aux difficultés d'apprentissage chez l'enfant », *Enfances & Psy*, 2005/3, 28, p. 87-97.

M. Gardet, « Face à la question sociale, la réponse médicale. De la psychiatrisation des écoliers et jeunes délinquants », *Revue d'histoire de l'enfance « irrégulière »*, 2016/1, 18, p. 253-274.

M. Gauchet, *La Religion dans la démocratie. Parcours de la laïcité*, Gallimard, 1998.

M. Gauchet, « L'enfant du désir », *Le Débat*, 2004/5, 132, p. 98-121.

M. Gauchet, G. Swain, *La Pratique de l'esprit humain. L'institution asilaire et la révolution démocratique*, Gallimard, 1980.

L. Gavarini, *La Passion de l'enfant. Filiation, procréation et éducation à l'aube du XXIe siècle*, préface de J. Testard, Denoël, 2001.

B. Golse, « Les états-limites chez l'enfant et l'adolescent », *Adolescence*, 2015/4, 33 (4), p. 771-778.

T. Grandin, *Emergence. Labeled Autistic*, Arena Press, 1986 ; tr. fr. *Ma vie d'autiste*, Odile Jacob, 1994.

T. Grandin, R. Panek, *The Autistic Brain. Thinking Across the Spectrum*, Hougton Mifflin Harcourt, 2013 ; tr. fr. *Dans le cerveau des autistes*, Odile Jacob, 2014.

L. Gravière, « L'empirisme démocratique de Mary E. Richmond », *Vie sociale*, 2013/4, 4, p. 99-113.

Groupe d'appui à la protection de l'enfance, *Projet pour l'enfant*, 2023.

C. Gueguen, *Pour une enfance heureuse. Repenser l'éducation à la lumière des dernières découvertes sur le cerveau*, Robert Laffont, 2014.

E. Guey, S. Boussion, « Le fonds Georges Heuyer (1884-1977) : un XXe siècle scientifique, à l'orée de la psychiatrie infantile et de ses ramifications », *Revue d'histoire de l'enfance « irrégulière »*, 2010/1, 12, p. 215-229.

F. Guignard, « Mais où sont les neiges d'antan ? », *Revue française de psychanalyse*, 2006/5, 70, p. 1475-1481.

F. Guignard, « La psychanalyse de l'enfant dans la société occidentale d'aujourd'hui », *Le Journal des psychologues*, 2007/8, 251, p. 36-40.

I. Hacking, « Autistic autobiography », *Philosophical Transactions of the Royal Society B*, 2009, 364 (1522), p. 1467-1473.

F. Hartog, *Chronos. L'Occident aux prises avec le temps*, Gallimard, 2020.

HAS, *Trouble du neurodéveloppement. Repérage et orientation des enfants à risque*, février 2020, p. 7 (https://www.has-sante.fr/jcms/p_3161334/fr/troubles-du-neurodeveloppement-reperage-et-orientation-des-enfants-a-risque).

HAS, *La Stratégie nationale autisme et troubles du neurodéveloppement (2018-2022)*, 16 mars 2021.

Haut Conseil à la famille, *Les Politiques de soutien à la parentalité*, avis et rapport adoptés par consensus le 22 septembre 2016 (https://www.vie-publique.fr/rapport/37376-les-politiques-de-soutien-la-parentalite).

E. Hello, « Les "classes spéciales d'anormaux" de la ville de Bordeaux (1900-1933) », *Revue d'histoire de l'enfance « irrégulière »*, 2021/1, 23, p. 67-85.

N. Henckes, « Les psychiatres et le handicap psychique. De l'après-guerre aux années 1980 », *Revue française des affaires sociales*, 2009/1, p. 25-40.

G. Heuyer, « Avant-propos », *Revue de neuropsychiatrie infantile et d'hygiène mentale de l'enfance*, 1953, 1, reproduit dans « Avant-propos », *Neuropsychiatrie de l'enfance et de l'adolescence*, 2002, 50 (5), p. 304-305.

M.-F. Hirigoyen, *Le Harcèlement moral. La violence perverse au quotidien*, La Découverte, 1998.

C. Hoffmann, « Les nouvelles demandes des adolescents entre désirs, pulsions, jouissances et limites », *Enfances & Psy*, 2011/3, 52, p. 101-108.

S. Hoffmann, *Sur la France*, Seuil, 1976.

O. Houdé, « Imagerie cérébrale, cognition et pédagogie », *Médecine/sciences*, 2011, 27 (5), p. 535-539.

M. Houseman, « Vers un modèle anthropologique de la pratique psychothérapeutique », *Thérapie familiale*, 2003/3, 24, p. 289-312.

A. Hulbert, *Raising America. Experts, Parents and a Century of Advice about Children*, Vintage Books, 2003.

M. Huteau, *Psychologie, psychiatrie et société sous la Troisième République. La biocratie d'Édouard Toulouse* (1865-1947), L'Harmattan, 2002.

P. Jeammet, « Comment comprendre les pathologies mentales de l'adolescence », 19 octobre 2007 (https://www.yapaka.be/actualite/comment-comprendre-les-pathologies-mentales-de-ladolescence).

L. S. Jacyna, S. T. Casper (dir.), *The Neurological Patient in History*, University of Rochester Press, 2012.

J. Jupille, « De "coupables" à "victimes actives". Enjeux pour les familles d'un diagnostic de TDA/H », *Socio-logos*, 2014, vol. 9.

J.-P. Jurmand, « De l'enfance irrégulière à l'enfance délinquante (1945-1950), itinéraire d'une pensée, naissance d'un modèle », *Revue d'histoire de l'enfance « irrégulière »*, 2000/1, 3, p. 179-206.

A. Klein, « De Perray-Vaucluse à La Jemmerais », *Revue d'histoire de l'enfance « irrégulière »*, 2021/1, 23, p. 123-137.

A. Lazartigues, « La famille contemporaine "fait"-elle de nouveaux enfants ? », *Neuropsychiatrie de l'enfance et de l'adolescence*, 2001, 49 (4), p. 264-276.

J.-P. Lebrun, « Des incidences de la mutation du lien social sur l'éducation », *Le Débat*, 2004/5, 132, p. 151-176.

C. Lelièvre, article sur le site Les pros de la petite enfance, 11 février 2016 (https://lesprosdelapetiteenfance.fr/vie-professionnelle/biblio-pro/pour-une-enfance-heureuse).

N. Marquis, *Du bien-être au marché du malaise. La société du développement personnel*, PUF, 2014.

N. Marquis *et al.*, « Intervenir sur le "potentiel caché" des enfants. Une perspective sociologique et comparative », *L'Information psychiatrique*, 2021/10, 97, p. 887-894.

A. Math, É. Renaudat, « Développer l'accueil des enfants ou créer de l'emploi ? Une lecture de l'évolution des politiques en matière de mode de garde », *Recherches et Prévisions*, 1997, 49, p. 5-17.

C. Martin, *La Parentalité en questions, perspectives sociologiques. Rapport pour le Haut Conseil de la population et de la famille*, avril 2003 (https://www.vie-publique.fr/rapport/26121-la-parentalite-en-questions-perspectives-sociologiques-rapport-pour-l).

C. Martin (dir.), *« Être un bon parent ». Une injonction contemporaine*, Presses de l'EHSP, 2014.

C. Mauduit de Caussade, « Du dispensaire d'hygiène mentale au centre médico-psychologique pour enfants : une histoire des intersecteurs de pédopsychiatrie », *Enfances & Psy*, 2021, 88 (4), p. 14-23.

M. Mauss, « L'expression obligatoire des sentiments » (1921), *Œuvres III : Cohésion sociale et division de la sociologie*, Éditions de Minuit, 1969.

J. Mazaleigue-Labaste, *Les Déséquilibres de l'amour. La genèse du concept de perversion sexuelle, de la Révolution française à Freud*, Ithaque, 2014.

C. Meadel, « Le spectre "psy" réordonné par des parents d'enfant autiste. L'étude de discussion d'un cercle électronique », *Politix*, 2006, 1 (73), p. 57-82.

H. Mendras, *La Seconde Révolution française : 1965-1984*, Gallimard, 1988.

A. Milon, M. Amiel, *Mission d'information sur la situation de la psychiatrie des mineurs en France*, Sénat, 2016-2017.

R. Misès, « Les pathologies limites de l'enfance », *in* S. Lebovici, R. Diatkine, M. Soulé (dir.), *Nouveau traité de psychiatrie de l'enfant et de l'adolescent*, PUF, 2004, p. 1347-1362.

C. Monneret, « Le harcèlement scolaire, "une haine narcissique" », *Enfances & Psy*, 2019/2, 82, p. 139-147.

S. Morel, *La Médicalisation de l'échec scolaire*, La Dispute, 2014.

E. Morin, *Commune en France. La Métamorphose de Plozévet*, Fayard, 1967.

M. R. Moro, J.-L. Brison, *Mission bien-être et santé des jeunes*, novembre 2016, p. 20 (https://www.education.gouv.fr/mission-bien-etre-et-sante-des-jeunes-6518).

A. Ohayon, « Psychanalyse et éducation : une histoire d'amour et de désamour. 1908-1968 », *Cliopsy*, 1, 2009/1, 1, p. 25-40.

A. Ohayon, « Les premiers moments de la psychanalyse d'enfant dans les années 1920 et 1930 », *Revue d'histoire de l'enfance « irrégulière »*, 2016/1, 18, p. 233-251.

A. Ohayon, *Psychologie et psychanalyse en France. L'impossible rencontre (1919-1969)* (1999), La Découverte, 2006.

E. Ortigues, « Qu'est-ce qu'une guérison rituelle » (1977), réédité dans *Le Temps de la parole. Et autres écrits sur l'humanité et la religion*, présenté par D. Berlioz, P. Lequellec-Wolff, J.-Y. Marquet, PUR, « Philosophica », 2012, p. 97-103.

E. et M.-C. Ortigues, *Œdipe africain*, L'Harmattan, 1984.

D. Ottavi, *De Darwin à Piaget. Pour une histoire de la psychologie de l'enfant*, CNRS Éditions, 2001.

G. Périssol, « La guidance du docteur Healy : modulation de la psychiatrie infantile ? », *Revue d'histoire de l'enfance « irrégulière »*, 2016/1, 18, p. 213-230.

É. Pierre, « La loi du 19 avril 1898 et les institutions », *Revue d'histoire de l'enfance « irrégulière »*, 1999/1, 2, p. 113-127.

D. Pleux, *De l'enfant roi à l'enfant tyran*, Odile Jacob, 2002.

A. Prost, « Frontières et espaces du privé », *in* P. Ariès, G. Duby (dir.), *Histoire de la vie privée*, vol. 5 : *De la Première Guerre mondiale à nos jours*, Seuil, 1999.

Quentel, « L'autonomie de l'enfant en question », *Recherches en éducation*, 2014, 20, p. 23-32.

P. Quincy-Lefebvre, « Le droit pénal et les âges de la vie », *Revue d'histoire de l'enfance « irrégulière »*, 2016/1, 18, p. 15-36.

J. Rabain, *L'Enfant du lignage. Du sevrage à la classe d'âge*, Payot, 1979.

A. Renault, *La Libération des enfants. Contribution philosophique à une histoire de l'enfance*, Calmann-Lévy, 2002.

J. Renier, H. Schrod, « L'enfant roi et sa famille, l'enfant tyran et sa famille, leurs environnements », *Thérapie familiale*, 2008/1, 29, p. 103-118.

C. Rollet-Échalier, *La Politique à l'égard de la petite enfance sous la IIIe République*, INED-PUF, 1990.

C. Rossignol, « Quelques éléments pour l'histoire du "Conseil technique de l'enfance déficiente et en danger moral" », *Revue d'histoire de l'enfance « irrégulière »*, 1998/1, 1, p. 21-39.

A. Rothstein, « Mental disorder or neurodiversity ? », *The New Atlantis*, 2012, 36, p. 99-115.

A. C. Rousseau-Giral *et al.*, « Enquête sur le rôle des dispositifs médico-social, sanitaire et pédagogique dans la prise en charge des troubles complexes du langage », *IGAS/IGEN*, 2002, 2002-004.

O. Sacks, *Un anthropologue sur Mars. Sept histoires paradoxales*, Seuil, 1996.

C. Sanchez, « Les centres d'accueil et de triage de l'éducation surveillée. 1941-1950 », *Revue d'histoire de l'enfance « irrégulière »*, 1998/1, 1, p. 120-134.

F. de Singly, *Le Soi, le Couple et la Famille*, Armand Colin, 1996.

F. de Singly, *Comment aider l'enfant à devenir lui-même ? Guide de voyage à l'intention du parent*, Armand Colin, 2009.

J.-F. Sirinelli (dir.), *La France qui vient. Regards américains sur les mutations hexagonales*, CNRS Éditions, 2014.

A. de Swaan, *The Management of Normality. Critical Essays in Health and Welfare*, Routledge, 1990.

I. Théry, « Nouveaux droits de l'enfant, la potion magique ? », *Esprit*, mars-avril 1992, 180, p. 5-31.

I. Théry, *Le Démariage*, Odile Jacob, 1993.

C. Toscani-Merle, « La construction de la profession de psychologue dans le champ de la Justice des mineurs », *Revue d'histoire de l'enfance « irrégulière »*, 2004/1, 6, p. 153-184.

A. Touraine, *Le Communisme utopique. Le mouvement de mai 1968*, Seuil, 1968.

S. Turkle, *La France freudienne*, Grasset, 1982.

L. Vaivre-Douret, A. Turz (coor.), « Les troubles d'apprentissage chez l'enfant. Un problème de santé publique ? », *ADSP*, 1999, 26, p. 23-66.

L. Van Goidsenhoven, A. Masschelein, « Posting autism. Online self-representation strategies in Tistje, a Flemish blog on "Living on the spectrum from the front row" », *in* K. Ellis, M. Kent (dir.), *Disability and Social Media. Global Perspectives*, Routledge, 2016, p. 255-273.

L. Van Kessel, *La Supervision en France*, non daté (https://www.analysedespratiques.com/wp-content/uploads/2017/04/La-Supervision-en-France-Louis-van-Kessel.pdf).

C. Vasseur, « La psychiatrie et la relation soignante », *Vie sociale et traitements*, 2003/3, 9, p. 22-24.

P. Veltz, *Le Nouveau Monde industriel*, Gallimard, « Le Débat », édition revue et augmentée, 2000.

M. Vial, *Les Enfants anormaux à l'école. Aux origines de l'éducation spécialisée, 1882-1909*, Armand Colin, 1990.

P. Winch, « Understanding a primitive society », *American Philosophical Quarterly*, 1964, 1 (4), p. 321.

L. Wittgenstein, *Recherches philosophiques* (1953), Gallimard, 2014.

M. Woollven, « Enseigner la lecture et soigner ses troubles. L'intervention publique en France et au Royaume-Uni », *Revue internationale de politique comparée*, 2011/4, 18, p. 47-59.

D. Youf, « Quelle justice pour les mineurs ? », *Esprit*, janvier 2011/1, p. 30-48.

J.-J. Yvorel, « Brève histoire de l'hébergement des mineurs de justice », *Les Cahiers dynamiques*, 2006/1, 37, p. 24-27.

A. Zempleni, J. Rabain, « L'enfant *nit ku bon*. Un tableau psychopathologique traditionnel chez les Wolof et les Lebou du Sénégal », *Psychopathologie africaine*, 1965, I (3), p. 329-441.

Remerciements

Mes plus vifs remerciements à Isabelle Albaret, Pierre-Henri Castel, Corinne Ehrenberg et Gaëlle Jullien-Picard pour leur lecture attentive, et comme toujours à Odile Jacob pour son indéfectible soutien.

Table

DU MÊME AUTEUR
CHEZ ODILE JACOB

La Mécanique des passions. Cerveau, comportement, société, 2018.

La Société du malaise. Le mental et le social, 2010.

La Maladie mentale en mutation. Psychiatrie et société, avec Anne M. Lovell, 2001.

La fatigue d'être soi. Dépression et société, 1998.

Inscrivez-vous à notre newsletter !

Vous serez ainsi régulièrement informé(e)
de nos nouvelles parutions et de nos actualités :

https://www.odilejacob.fr/newsletter

Cet ouvrage a été composé
en Adobe Garamond Pro
par Facompo à Montrouge.

Cet ouvrage
a été achevé d'imprimer
sur les presses de la
Nouvelle Imprimerie Laballery à Clamecy
en septembre 2025

N° d'édition : 4150-1138-X – N° d'impression : 509202
Dépôt légal : octobre 2025

Imprimé en France